Le petit livre des mots inconnus au bataillon

Catherine Guennec

FIRST Editions

ISBN : 978-2-7540-7624-1
Dépôt légal : septembre 2015

Direction éditoriale : Marie-Anne Jost-Kotik
Édition : Charlène Guinoiseau et Émeline Bénéteau-Guibert
Mise en page : Sophie Boscardin
Couverture : Olivier Frenot

Imprimé en Italie

Éditions First, un département d'Édi8
12, avenue d'Italie
75 013 Paris – France
Tél. : 01 44 16 09 00
Fax : 01 44 16 09 01
E-mail : firstinfo@efirst.com
Site internet : www.editionsfirst.fr

« Je me demande si je ne suis pas en train de jouer avec les mots. Et si les mots étaient faits pour ça ? »

Boris Vian, *Les Bâtisseurs d'empire ou le Schmürz*, 1959.

Prolégomènes

Qu'est-ce qu'un alibiforain, un coquefredouille, un agacin, une malivolence, un balthazar, un endormeur de mulot, un écoute-s'il-pleut, un frisselis, un soleil d'hiver ?

Que veut dire *emporter le chat* (quand l'affaire ne consiste pas à faire voyager Minou !), *être logé chez Guillot le songeur*, *garder les manteaux*, *avoir le soleil qui luit dans le ventre*, *revenir de la Rochelle*, *faire danser les cathédrales*, *croquer le marmot*, *arrêter les nuages*, *atteler des fourmis à un attelage* ?

Quelle chanson grondaient autrefois le vent, l'orage et le tonnerre ?

Que veut dire encore (et les mots qui suivent sont contemporains) un *arcenciologue*, un *caméo*, un *cervoliste*, une *glabelle*, un *diastème* ?

Réponses dans les pages qui suivent…

Ce petit livre – léger et sérieux – se présente sous la forme d'un abécédaire où l'on peut picorer « à la gribouillette », dans l'ordre ou le désordre, des mots, des expressions d'autrefois et d'aujourd'hui. Des petits oubliés, « des inconnus au bataillon » qui ont eu, pour certains, leur heure de gloire avant de tomber dans l'oubli. Les autres, rares et très peu usités, mériteraient, eux aussi, d'être mieux connus…

Leur succulence, leur bizarrerie ou leur beauté légitiment l'existence de ce (trop) petit livre. Ces « friandises » historiques ou contemporaines – petits trésors amusants de la langue française – s'accompagnent d'informations souvent ludiques et de citations, les replaçant dans leur contexte.

Avis aux obsédés textuels, aux collectionneurs d'insolite et de jolies choses ou tout simplement aux amoureux des mots, « ces passants mystérieux de l'âme » (R. Poincaré). Venez les découvrir, les redécouvrir, les deviner, venez jouer avec eux !

Des mots

Adamantin(e) (adjectif)

Joli mot, belle musique… On peut y lire d'abord « Adam » avant de découvrir « Adama », un autre prénom ou une des cinq villes maudites de la Palestine puis, caché au cœur du mot, en zappant les deux premières et les deux dernières lettres, « amant » !
On entend presque « diamant » aussi.
Alors, vers quelle destination nous entraînent ces quatre mystérieuses syllabes ?
Le mot (issu du latin) est, à l'évidence, plus littéraire que populaire. Il désigne ce qui relève de la nature du diamant. Quant à son éclat, sa résistance… ou sa dureté !

(employé positivement) « Puis le firmament s'orna des couleurs orangées d'un ciel de l'Extrême-Orient et au lointain apparut la lueur adamantine de la première étoile. »

Roman feuilleton « Le pari du lieutenant » in *La vie en culotte rouge*, 15 janvier 1911.

(employé négativement) « [Il] laissa tomber, en guise d'adieu, ces quelques paroles adamantines : au revoir donc, ou jamais plus, comme il vous plaira, peintre malgracieux. »

Léon Bloy, *La femme pauvre*, 1897.

Connaissez-vous l'adamantium ?

C'est un alliage de métal imaginaire (de l'univers Marvel de la société Marvel Comics), le plus résistant de tous les métaux imaginaires connus. Le terme est utilisé la première fois en juillet 1969. Ce mot d'adamantium circule depuis dans les romans, dans des jeux (comme *Donjons et Dragons*) et plus récemment dans des jeux vidéo.

Adoniser (s') (verbe)

S'adoniser, c'est se faire beau, se bichonner, se parer comme un Adonis. Avec, sans doute, une recherche et un raffinement excessifs. « Adoniser », « s'adoniser » marquent la fatuité et ne se dit guère que pour les hommes.

Autrefois, on disait aussi « se popiner » (encore un mot oublié), pour se faire beau ou belle, se parer ou s'habiller galamment, se pomponner !

L'utilisation de ce mot remonte au moins au XVIe siècle. Ronsard en usait déjà…

« Le vieux céladon se faisait d'abord adoniser en grand secret à l'heure où son enfant sortait de sa chambre pour prendre ses premiers ébats. »

George Sand, *Les beaux messieurs de Bois Doré*,
Calmann Lévy, 1879.

S'adoniser, c'est « faire le céladon », confient les dictionnaires.

Un céladon est un vieil amoureux sentimental, délicat, qui nourrit généralement une relation platonique.

Céladon : fait référence au personnage – portant des rubans verts – du roman pastoral *l'Astrée* d'Honoré d'Urfé (XVIIe siècle).

Agacin (nom masculin)

En voilà un bien-nommé, un agaçant qui ne vole pas son nom !

Ce vieux terme familier franco-provençal désigne un cor au pied, un durillon. Un œil d'agasse, comme on disait autrefois.

L'agasse n'est autre que la pie. L'expression « œil d'agasse » fait écho à une autre expression désignant également un « bobo » au pied, l'œil de perdrix.

« Ici Adolphe (ou tout homme à la place d'Adolphe) ressemble à ce paysan du Languedoc qui souffrait horriblement d'un agacin (en français, cor mais le mot de la langue d'Oc n'est-il pas plus joli ?). Ce paysan enfonçant son pied de deux pouces dans les cailloux les plus aigus du chemin disait à son agacin : "Troun de Dieu ! de bagasse ! Si tu mé fais souffrir, jé té lé rends bien !" »

Honoré de Balzac, *Petites misères de la vie conjugale, 1846.*

Variantes : agassin, agaçon, agatton, œil d'agace, nid d'agace, éguessin...

Agassin (agacin) pouvait s'employer plus largement et désigner une bosse, une enflure. Dans la région lyonnaise, on parlait de l'agassin au ventre d'une femme enceinte, on parlait encore de l'agassin dans le dos (la bosse du bossu).

Alibiforain (nom masculin)

Du latin *alibi* (ailleurs) et *foras* (hors, dehors), le mot, un familier tombé aux oubliettes, signifie : propos sans rapport avec la chose en question. Tergiversation, mauvaise excuse, prétexte, échappatoire, vaine allégation. Pas d'alibi, rien à dire, aucune excuse !… Alibiforain – mot joyeux, original, presque farceur – se retrouve encore dans de nombreux vieux dictionnaires. À condition bien sûr d'aller l'y rechercher…

« … tu fais l'entendu, tu vas me chercher des alibiforains que tu as ramassés apparemment en écoutant les autres. Tiens, crois-moi, mon ami, quand t'auras quelques pintes de vin dans la tête, vas te coucher, ça vaudra mieux. »

Réponse de M. Jerôme, râpeur de tabac à M. Raphaël,
peintre de l'Académie de S. Luc (1769).

Autrefois, on l'écrivait en deux mots : « alibi forain ».
« Par la queue un matou qui m'escrit sur les reins
Des griffes et des dents, mille alibis forains :
Comme un singe fasché j'en dy ma patenostre »
Satyre XI, Mathurin Régnier (1573-1613), in *Œuvres complètes de Régnier*, Éd. Marpon et Flammarion, 1882.

Arcenciologue (nom masculin)

– Tu veux faire quoi quand tu seras grand(e) ?
– Aventurier, vétérinaire, pompier, princesse, pilote d'avion, écrivain, chercheur d'or, « professeur de piscine » (maître-nageur), « archéologue en Égypte (parce que je déteste la pluie !) »…
Quand on leur pose la question, les petits ne manquent pas d'idées. Il y a cependant un métier – incroyable, rare – qui leur échappe totalement (comme à nous d'ailleurs) : celui d'arcenciologue ! Si, si, ça existe ! L'arcenciologue décrypte avec sérieux le monde des couleurs, c'est une nouvelle race d'explorateur, explorateur (et conseiller) en couleur ! Le beau métier : poétique, artistique, fantastique, atypique, romantique, ludique, béatifique…

« Ce chercheur […] s'est pris de passion pour les arcs-en-ciel. Conseiller auprès d'entreprises, il décrypte le sens symbolique des couleurs et leur utilisation par le marketing. [Ses] cartes de visite annoncent la couleur : bleues, jaunes, rouges, ou vertes – c'est au choix –, on y découvre de bien étranges fonctions : "Consultant conseil en management de la couleur, administrateur du Centre français de la couleur,

arcenciologue". Depuis des années, ce grand homme aux cheveux fous et aux allures d'artiste consacre son existence aux couleurs. Il les traque partout, depuis la science jusqu'à l'Histoire, en passant par la psychologie ou le marketing. »

« Philippe Fagot profession arcenciologue », *L'Humanité*, 17 avril 1999.

La beauté mystérieuse de l'arc-en-ciel – ce « pont flottant dans le ciel », ce « chemin tremblant », cet « escalier aux 7 couleurs », ce « serpent céleste »... – a, de tous temps, fasciné les hommes qui ne lui ont pas toujours trouvé le même nombre de couleurs (au Moyen Âge, en Europe, on lui en accordait 3, à la Renaissance 4, et depuis le XVIIe siècle, 7). Aujourd'hui, il peut symboliser une communauté sexuelle (emblème gay et lesbien) ou se retrouver sur le drapeau de Greenpeace...

Balthazar (nom masculin)

Balthazar, c'est un des trois rois mages bien connus, évidemment. C'est aussi une grosse bouteille de champagne (12 litres soit 16 bouteilles champenoises), c'est encore « une grande fête tumultueuse », un festin, un repas copieux et débridé. Un vrai bon « gueuleton » ! On dit « un balthazar » ou « un festin de balthazar ». On peut même évoquer des « festins balthazaresques ».
On retrouve tous ces « balthazars » chez nombre d'auteurs : Edmond Rostand (*Cyrano de Bergerac*), Émile Zola (*L'Assommoir*)...

« Puisque nous ne voulons pas aller au déjeuner, le déjeuner vient à nous, et bientôt, par les soins de notre invisible protectrice, une belle table dressée sous notre arbre nous invite à un festin de Balthazar. »

Le Tour du Monde (périodique), Paris, 1860.

Mais qui est donc Balthazar ?

C'est le fils de Nabuchodonosor (VIe siècle av. J.-C.), dernier roi de Babylone, mort assassiné. Pendant que sa ville était assiégée par les Perses, il offrit un festin célèbre au cours duquel une main mystérieuse écrivit sur le mur les trois mots *Mené, Teqèl, Perès* (*Mane, Thecel, Phares*, selon la Vulgate), signifiant la chute de Babylone.

Bourouloulou (onomatopée d'antan)

D'abord, lumière muette, il y a l'éclair qui perce le ciel puis vient le tonnerre. Comme un grondement, un reproche. « Souvenez-vous, le bruit fracassant d'un coup de tonnerre, c'est la voix de Dieu… » (*Jean*, 12:23-29). De tous temps, on a obstinément accordé à ce fichu tonnerre une interprétation divine, et, enfant, il y avait toujours une bonne âme pour nous l'expliquer : « Petit(e), le tonnerre, c'est le Bon Dieu qui roule des pommes dans son grenier ». Parfois, c'était le même « qui jouait aux boules ». Une variante céleste plus sportive et plus bruyante encore ! De nos jours (ou de nos nuits) si le tonnerre et l'orage grondent, leur refrain a varié. Autrefois, ils entonnaient à tout va du « bourouloulou » qui résonnait plutôt joliment dans tout le Royaume…

« Ensuite il s'embarquera. Il y aura une tempête, mais une tempête à faire dresser les cheveux. Les vents, les éclairs, une nuit, un tonnerre… bourouloulou… bourouloulou… »

Palaprat, *Le Ballet extravagant*, sc. XVII, 1690.

Aujourd'hui (voir nos BD préférées !) le tonnerre peut faire « braoum », « poum poum » ; souvent assisté d'un vent hurleur : « Houhouuu » voire « Wouuuh », sur fond de « Ploc Ploc », « Plic Plic », « Flip Flip » ou « Flic Flac »... (la pluie qui tombe). Mais point de « bourouloulou » ! Fini le « bourouloulou » !
Sauf si on décide de lui faire reprendre du service. Pourquoi pas ?

Boustrophédon (nom masculin)

Drôle de mot… Sa déclinaison sur quatre syllabes sonne un peu « rigolo ». Alors ? Rien de sérieux derrière ce petit drôle ?

Le boustrophédon n'est autre qu'une écriture primitive utilisée par les Orientaux et les Grecs. Elle consiste – et même consistait – à tracer des lignes alternativement et continûment de gauche à droite et de droite à gauche, « comme le bœuf (*bous*) labourant le champ (*strophein*, tourner) trace des sillons continus »*.

Un exemple connu de boustrophédon ? Celui des tablettes rongo-rongo de l'île de Pâques, écrites, s'il vous plaît, en boustrophédon inversé.

Autre sens : par analogie, « en boustrophédon », s'emploie pour qualifier une curieuse démarche. L'expression – rare – n'échappe pas à Raymond Queneau qui la glisse dans *Les enfants du limon* (L'imaginaire, Gallimard, 1938).

« Ce matin un boustrophédon, ce soir un palindrome ! Je crois que j'ai trouvé le système pour retourner les mots.

* Christophe Reig, *Mimer, miner, rimer, Le cycle romanesque de Jacques Roubaud*, Rodopi BV, 2006.

Sans effort ni douleur ! [...] Les mots, il suffit qu'on les regarde de près, ils se mettent à prendre une autre allure, à changer de forme et de sens. Le palindrome, par exemple, c'est comme si on posait le mot devant un miroir, il lui vient deux visages sur le même corps. Mais je préfère le boustrophédon [...] Dans les deux cas – le palindrome et le boustrophédon – ça tient du miracle : quand on est arrivé au bout on repart à zéro. Dommage qu'on ne puisse pas faire ça avec sa vie. Ou alors seulement en rêve. »

Claude Daubercies, *L'homme qui faisait des boustrophédons*, Éd. du Bon Albert, 2004.

Les palindromes - des textes ou des mots « à symétrie bilatérale » qui peuvent se lire dans les deux sens - s'inspirent du boustrophédon. *Des exemples ?*

- radar, kayak, rêver, rotor, tôt, été...
- « Ésope reste ici et se repose » (Jacques Capelovici) ; « Ce reptile lit Pérec » (Georges Pérec) ; « Eh ! ça va la vache » (Louise de Vilmorin) ; « Élu par cette crapule » (Charles Cros) ; « Émile nu a une lime » (Pierre Bailly) ; « La mère Gide digère mal » (Louis Scutenaire) ; « Rions noir » (Jacques Bens)... LOL !

Caméo (nom masculin)

Dans un film, un caméo (francisation probable de l'italien *cammeo*) est un petit clin d'œil, une très brève apparition d'une célébrité, d'une personnalité.
Il désigne toute apparition d'une personne ou d'un personnage dans une œuvre où l'on ne s'attend pas à le(s) voir. Le créateur du genre en littérature est Balzac avec sa technique des personnages secondaires réapparaissant dans *La Comédie humaine* (comme, par exemple, le marquis d'Ajuda-Pinto). Plus près de nous, certaines histoires d'Astérix, des aventures de Tintin… mettent elles aussi en scène leurs auteurs, Uderzo et Goscinny, Hergé…

« *Schwarzie dans* Expendables, *Poelvoorde dans* Jean-Philippe, *Glover dans* Maverick… *les apparitions clins d'œil d'acteur, de réalisateur ou de guests stars sont légion au cinéma. Retour en images sur quelques caméos cultes.* »

Allociné, 15 octobre 2012.

Hitchcock, c'est bien connu, avait pour habitude de faire des caméos dans ses propres films. Des caméos qui sont devenus une caractéristique célèbre du réalisateur, sa signature, même s'il n'en a pas placés dans toutes ses œuvres (on recense quand même 14 de ses films sans caméo).

Capricant (adjectif)

Voilà du sautillant, du primesautier, du bondissant… à l'image des joyeux cabris, animaux bien attachants mais réputés fantasques, quinteux…
« Capricant » signifie procédant par bons irréguliers, par saccades. Il désigne ce qui est inégal, capricieux, désordonné, fantaisiste, changeant…
Le mot hante davantage les pages de notre littérature que le parler populaire.
Les médecins cependant peuvent parler de « pouls capricant ».

« Voix chevrotante, esprit capricant. Cette vieille femme avait été jeune, chose étonnante. »

Victor Hugo, *Les Misérables*, Éd. Pagnerre, Paris, 1862.

« Capricant » : du latin *capra, caprinus* qui désigne la chèvre (et le bouc). La graphie en « CANT » s'impose au XIXe siècle et chasse définitivement les « caprizant » ou « caprisant ». Maintenant – questions pour lecteurs attentifs – savez-vous comment Victor Hugo nommait la chèvre d'Esméralda dans *Notre-Dame de Paris* ? [*réponse* : Djali]
Et comment s'appelait la chèvre de Monsieur Seguin ? (A. Daudet, *Les lettres de mon moulin*) [*réponse* : Blanquette]

Cataglottisme (nom masculin)

En voilà un qui ne pouvait pas ne pas figurer ici ! Certes, il semble un peu compliqué, presque repoussoir. Bon ! D'accord ! Il commence peut-être comme une « cata »-strophe, mais n'en est pas franchement une, bien au contraire ! Il désigne l'emploi des mots recherchés, précieux, curieux, surprenants, rares.
Le mot rare, lui aussi, est peu connu. Il s'amuse à revêtir parfois un autre sens, plutôt plaisant, puisque c'est encore le nom d'un « baiser lascif » (intrabuccal et polisson) ! Alors ? toujours aussi moche et coincé ce « cataglottisme »?

« Au hasard de cet index, vous sourirez en lisant "Nécrologie, ben voyons.", "Parenthèses, beaucoup." (et c'est un euphémisme), "Pseudépigraphe, évidemment." (cela va sans dire !) ou encore "Jeannotisme, hélas ! non"… Vous croiserez également quelques mots délicieux tels que logodiarrhée, barbarolexie, cataglottisme ou paragoge. Bref, que de mots barbares rencontrerez-vous pendant cette balade dans le monde imaginaire de Monsieur Georges

Perec, l'un des écrivains français les plus inventifs et les plus drôles que j'ai rencontrés au gré de mes lectures. »

Texte de présentation du roman de G. Perec,
Quel petit vélo à guidon chromé au fond de la cour,
CIAO (site sur livres & BD), 1966.

Cataglottisme (ou baroquisme), les *précieuses* du Grand Siècle, plus ou moins ridicules, mais toujours « sur leur fécond » (en humeur de dire de belles choses), y excellaient ! Des exemples ?

- « Ma commune, allez quérir mon zéphir dans mon précieux » (Ma suivante, allez quérir mon éventail dans mon cabinet).
- « Inutile, ôtez le superflu de cet ardent » (Laquais, mouchez la chandelle).
- « Vous avez des lumières éloignées » (Vous avez des connaissances bien confuses).
- « L'invisible n'a point gâté l'économie de votre tête » (Le vent n'a point défrisé vos cheveux).
- « Dites-moi s'il vous plaît si madame est en commodité d'être visible » (...si l'on peut voir madame).

Grand Dictionnaire des Précieuses ou la clef de la langue des ruelles in *Anthologie de littérature en langue française*, Maurice Hambursin, De Boeck, Duculot, 2000.

Cervoliste (nom masculin)

Est cervoliste celui qui joue avec le vent… Celui qui construit et fait voler des aérodynes, c'est-à-dire des engins volants plus lourds que l'air, manœuvrés et rattachés au sol à l'aide d'un ou plusieurs fils.
Autrement dit celui qui construit et fait voler des cerfs-volants.

« Cody qui durant sa vie fut successivement cowboy, cerfvoliste, forain et aviateur s'était intéressé dès son plus jeune âge au cerf-volisme dans la pratique duquel il fut initié par un cuisinier chinois ».

Revue du cerf-volant, sn, Paris, 1913.

L'orthographe du mot tend à se simplifier avec les années. Aux XIXe et XXe siècles, il s'écrit « cerf-voliste », voire « cerfvoliste », quand aujourd'hui il devient « cervoliste ».
En fait, le mot apparaît aux alentours de 1669 et viendrait de « serp-volant » (*serp*, de l'ancien français : *serpent*).
Le serpent et le dragon inspirent la forme des premiers cerfs-volants européens. « Têtes féroces » et « longues queues ondoyant au vent », ils figurent des sortes de dragons volants, de serpents ailés, échappés des vieilles légendes…

Cocoler (verbe)

Voilà du verbe mignon, gentillet, débordant d'amour, entendu depuis belle lurette chez les amoureux suisses. Au pays des Helvètes, « cocoler », c'est chérir, choyer, caresser… Et vive les adeptes de l'international, l'universel « cocollé-serré » !

Au passage, notons que ce « cocoler » n'est pas sans rappeler « accoler », un hexagonal grand tendre qui pratique lui aussi l'enlacement, le baiser, l'étreinte…

« Mais le paysan, c'est lui qu'il va nous falloir soigner, qu'il va nous falloir cocoler tous ensemble ! »

Melchior Meyr, « Qui se ressemble s'assemble »,
Nouvelle extraite de *Bibliothèque universelle et Revue suisse*,
H. Georg libraire, Lausanne, 1877.

« Cocoler » propose un joli programme, en Suisse : caresses, bisous et compagnie. En Savoie, sa signification change du tout au tout puisqu'il signifie *bégayer* ! Là-bas, les bègues prennent (ou prenaient) le nom de « cocolis ».

Coquefredouille (nom masculin)

Avec lui, tout commence avec « coq », le roi de la basse-cour à la mâle arrogance, pour finir presque en « andouille »… autant dire en eau de boudin. Mauvais signe ! Si d'aventure on vous traite de « coquefredouille » – un nom oublié dont le sens vous échappait probablement jusqu'à ce jour – n'imaginez pas que l'on vous adresse un compliment. Bien au contraire. Le mot est rigolo, l'insulte un peu moins… Comprendre : malotru, misérable, crétin, pauvre type, ridicule personnage…

« C'est ce méchant coquefredouille aussi perfide que laid qui sut s'insinuer traitreusement dans ma confiance pour ruiner d'un seul coup par un bas calcul de vengeance tous mes beaux rêves de bonheur. C'est ce fat, ce freluquet, ce gonin, grâce à ma propre imbécillité qui a été l'artisan de ma perte […] »

J.-G. Prat, *Voyages et aventures d'Almanarre*,
Éd. Leroux, Paris, 1876.

« Coquefredouille » ou « coq freguille » précisent quelques dictionnaires qui rajoutent que, dans le Jura, l'un ou l'autre désigne un coureur de jupons. Un coq de village porté sur la petite poulette...

Délicafoireux (nom masculin)

« Délicafoireux », vieux mot valise (d'origine lyonnaise) composé de « délicat » et « foireux », n'a pas besoin de longue explication pour se faire comprendre. Même pour les « dégourdis de la rue de la plume » (autre expression lyonnaise dédiée justement aux peu dégourdis) !

L'expression désigne un enfant difficile qui mange du bout des dents, qui « fait la petite bouche » ou quelqu'un de trop sensible, trop délicat. Un exemple ? Même ancien ? Prenons donc la douce et délicafoireuse princesse de Lamballe ! Très « chochotte », l'amie fidèle de Marie-Antoinette se pâmait à la simple vue d'une écrevisse (même en peinture !) ou d'un bouquet de violettes. Réel malaise ou coquetterie des syncopes ? À l'époque, les attaques de nerfs ou les évanouissements étaient, il est vrai, assez à la mode, dixit la perfide « sycophante » (voir p. 74), madame de Genlis, « visage d'agneau, cœur de loup » et langue de vip' [vipère]…

« Veux-tu bien manger tout de suite tes fiageoles ? Qui est-ce qui m'a fait un délicafoireux comme ça ? »

Nizier du Puispelu, *Le Littré de la grand' côte*..., Lyon, 1903.

Synonyme lyonnais : pignochon (petit grignoteur).

Synonymes français : chochotte, bégueule, chichiteux, affecté, maniéré, chipoteur.

Diastème (nom masculin)

Avoir un diastème – comme Vanessa Paradis, William Leymergie, Laurent Voulzy, Amy Winehouse, le footballeur Ronaldo, Elton John, Madonna, Béatrice Dalle… – c'est avoir un espace, un intervalle entre les dents. Avoir les dents du bonheur, ou les dents de la chance ! Plus question aujourd'hui de passer par la case orthodontie et de faire disparaître cet espace entre les incisives supérieures. Ce petit détail physique ne cherche plus à s'effacer. On lui trouve désormais bien du charme…

Dans certaines parties du monde, ce diastème est depuis longtemps un signe de beauté.

« Soudain elle a souri et j'ai vu qu'elle avait les dents écartées, les dents du bonheur ».

Michel Leiris, *Écrits sur l'Art*, CNRS, 2011.

Les dents du bonheur ou de la chance… d'où vient l'expression ?

L'histoire remonterait à Napoléon ! Les recrues de l'armée devaient avoir les incisives en parfait état pour pouvoir ouvrir leur poudrière avec les dents afin de recharger leurs fusils qu'ils tenaient à deux mains. Ceux qui avaient les dents écartées étaient déclarés inaptes au combat et… réformés ! La chance ! Le bonheur !

Un écoute-s'il-pleut (nom masculin)

QCM (question à choix multiple) !
Un écoute-s'il-pleut est :
1/ un moulin à eau ?
2/ un peureux, un lâche, un poltron, un faible qu'un rien décourage… ?
3/ une promesse illusoire, un propos en l'air… ?
Réponse ? Les 3 !

1/ *« Il existe de nombreux lieux-dits « Écoute s'il pleut ». Ils ont tous en commun d'avoir eu jadis un moulin. Ce moulin était alimenté par un ruisseau si petit qu'il n'était efficace qu'en temps de pluie. Il fallait donc écouter si la pluie arrivait pour savoir à quel moment on allait pouvoir travailler. »*

Blog Anouchka, « noms bizarres », 7 août 2009.

2/ *« Un écoute s'il pleut est celui qui attend patiemment qu'il lui vienne quelque bonne fortune, sans travailler à se la procurer »*

Jean-Charles François Tuet, *Mâtinées sénonoises ou proverbes français*, 1789.

3/ « C'est tout simplement l'un de ces propos en l'air qu'en langage familier on nomme des "écoute-s'il-pleut" ».

Eugène Gayet, *Les petits quadrupèdes de la maison et des champs*, 1871.

De la pluie et du beau temps

Bulletin spécial (langue française) :

faire beau temps à quelqu'un (faire semblant de l'aimer) – être frappé du vent de bise (être ruiné, avoir des déboires) – un pisse-verglas dans la canicule (un pissefroid) – grêler le persil (se venger contre plus faible que soi) – la grêle est tombée sur votre jardin (il vous est arrivé un grand malheur) – être logé aux quatre vents (avoir une maison à courants d'air) – avoir le soleil qui luit dans son ventre (être affamé) – il a plu sur sa mercerie (il file vers la faillite) – c'est vrai comme il neige (c'est faux) – pisser contre le ciel ou pisser contre le soleil (pisser dans un violon !) – être à couvert de la pluie (avoir du bien ou bénéficier d'une protection) – se cacher dans l'eau de peur de la pluie (pour éviter un inconvénient, s'exposer à un autre plus grand) – chercher des taches dans le soleil (chercher des défauts dans des choses parfaites) – un soleil de janvier (quelqu'un sans pouvoir) – un soleil d'yver (un soleil de janvier)...

Emberlucoquer (s') (verbe)

Voilà un vieux mot usité en son temps par Rabelais, Balzac… S'emberlucoquer, c'est (c'était) s'enticher, « s'emplir la tête de chimères », s'entêter ridiculement dans une idée, s'embrouiller. Dans cette dernière acception, on pourrait facilement imaginer que *s'emberlucoquer* est l'ancêtre de *s'emberlificoter* !

Un docte passager du XVIIIe siècle, Thomas Dyche, précise dans son dictionnaire (1756) : « s'emberlucoquer, se coëffer d'une opinion, s'en préoccuper tellement qu'on n'en puisse sainement juger, comme si on avoit la berlüe ». Berlu(e)… on notera que s'emberlucoquer s'est malicieusement construit autour de cette « berlu(e) ».

« Statisticiens fantastiques, vous qui de tous statistiquez et de toutes vos statistiques êtes tant emberlucoqués, pourquoi donc ne statistiquâtes-vous jamais de tous les impairs, des erreurs que vous provoquâtes et de vos sottises d'experts ? »

Jean Bastia, *Le Carnet de la semaine* (Gazette illustrée), n° 110, 15 juillet 1917.

Plusieurs orthographes ou formes anciennes à signaler : emburelucoquer, emburlucoquer…

Foutimasser (verbe)

Le mot sonne assez grossièrement. On entend presque « foutre », on reconnaît « masser », on imagine déjà vers quelle mauvaise pente il nous entraîne. Il est vrai qu'en argot, il désigne l'acte de chair, et mal pratiqué encore. Mollement et sans conviction !

En langage commun, le mot (très en vogue aux XVIIIe et XIXe siècles) signifie : perdre son temps, ne rien faire de bien, remuer inutilement, toucher à tout par désœuvrement ou curiosité… Bref, « virvoucher » (un autre mot synonyme retrouvé sous la plume de Balzac).

« Qu'est-ce que tu foutimasses pour être en retard, dis, lantipon ? Ce n'est pas difficile de venir à l'heure quand on ne fait rien de ses dix doigts ! »

Jean Richepin, *Le cadet*, 1890.

« Foutimasseur » (voire « foutimacier ») joue sans peine les insultes. Quelques variantes, histoire de « se documenter » : gamin de talus, sagouin, salopiaud, feignasse, fainéant… Écoutez-bien ce dernier, « fainéant »… Les mots sont des petits « sphinx » mystérieux dont on perce parfois assez facilement le secret : fainéant, fais néant… La définition est bel et bien incluse dans le mot !

Frisselis (nom masculin)

Un joli mot – frissonnant, délicat – encore plus joli quand on ne le prononce qu'avec un seul « s » : *frizelis*… Allégé, il devient plus gracieux, plus aérien, plus poétique. « Écoutez sa chanson bien douce », discrète, légère, « un frisson d'eau sur de la mousse »*…
Un frisselis est un petit frémissement, un léger mouvement, qui peut s'accompagner d'un murmure, d'un bruissement doux. Un frisson d'air ou d'eau chuchotant…

« Le vent léger crée des frisselis partout, dans l'herbe et dans les buissons feuillus, dans les arbres et dans l'air même, dont les couches transparentes frottent les unes sur les autres avec une douceur de velours. »

Renée Dunan, *Éros et Psyché*, Éd. de l'Épi, Paris, 1928.

* Verlaine, « Écoutez la chanson bien douce », *Sagesse*, 1878.

Variantes :

- friselis, avec un seul S.
- frissoulis, même signification mais nettement moins joli à entendre.

« Frissoulis » : à ne pas rapprocher de *frisou*, *frisouttis* ou *frisottis* ; ces derniers nous expédient rondement au royaume des frisettes et des perruques.

Glabelle (nom féminin)

Il commence presque en jetant un froid (gla gla !) mais se rattrape en finissant en beauté (*belle*) ! Ce mot-là, simple, presqu'ordinaire, dégage quelque chose de paisible et doux. Il n'est pas très courant ni très utilisé, et difficile, s'il nous est inconnu, d'en deviner le sens. Un indice ? Il vient du latin *glabelus*, glabre…
La glabelle se trouve sur tous les visages, « pile poil » entre les deux yeux… Elle désigne l'espace (normalement sans poils !) situé entre les deux sourcils. Tout simplement.

« Ce proxène heptomagène de sa famille, était un véritable spithaméen gibbeux et très-adipeux ; son nez, hématoïde par suite d'acrasie, couvert d'acrochordons, était surmonté à la glabelle d'une taroupe isabelle qui donnait à sa face une apparence à la fois vulpine et truculente. »

« La jeune asthmatique, roman de mœurs »,
in *Le Tintamarre*, 27 janvier 1856.

Des sourcils à la Frida Khalo ou à l'Emmanuel Chain !

Et comment se nomment les poils qui se permettent de pousser sur la glabelle, entre les deux sourcils ?
[*réponse* : la taroupe]

Gribouillette (à la) (nom féminin)

Celui-là, il est trop mignon ! Il respire la joie de vivre, résonne de rires d'enfants. « Gribouillette », ça fait du bien, ça rafraîchit. Ça donne envie de *gribouiller*, barbouiller, de retrouver la cour de récré ou alors un petit coin de campagne, un jour de pluie. « Gribouille », à l'origine un personnage populaire qui se jette dans l'eau par crainte de la pluie, évoque l'eau du ciel, la grenouille… et les flaques d'eau ; celles où l'on patauge volontiers même sans bottes en caoutchouc.
« À la gribouillette » signifie à l'aventure, au hasard… C'était autrefois « un jeu d'enfants qui jettent quelque chose de peu de conséquence et l'abandonnent à celui qui le pourra attraper. Ainsi on dit "j'ay jeté mon cœur à la gribouillette, l'attrape qui pourra" » (Furetière).
La gribouillette est aussi une renoncule qui pousse au bord des marais.

« C'est pis encore au marché au poisson ou plutôt au domicile du pêcheur car après y avoir longtemps attendu votre poisson, arrivent enfin quelques corbeilles chargées. On les jette aussitôt comme à la gribouillette. Alors commence un jeu semblable à celui qu'exécutent chez nous les enfants

quand on leur jette des noix. Ce que vous parvenez à attraper est pour vous. Et si vous ne ramassez rien, tant pis pour vous. »

Bulletin de la Société royale de géographie d'Anvers, 1883.

Gribouille ne fréquente pas seulement les flaques d'eau et les marais… Elle saute comme une artiste et se glisse en littérature avec :

- *La Gribouille*, titre français du roman *Cent ans dans les bois*, d'Antonine Maillet (1981).
- *Histoire du véritable Gribouille*, un conte de George Sand (1850).
- *La sœur de Gribouille*, un roman pour enfants de la Comtesse de Ségur (1962).

Au cinéma, *Gribouille* est aussi un film de Marc Allégret (1937), avec Michèle Morgan et Raimu.

Grigner (verbe)

Aujourd'hui, le verbe farfouille – quand il farfouille – chez les couturières où il signifie goder, créer des fronces, des faux-plis… Un sens plus ancien lui donne une autre signification : plisser, froncer les lèvres, montrer les dents (mauvaise humeur ou menace). Un *tristegrigne*, un *regrigné* (un grignous, chez les Bretons) sont alors des individus revêches et chagrins. Des vilains grincheurs !
Relevons qu'à une voyelle près, le verbe se transformait en… grogner.

« Grigner, c'est grincer les dents et surtout les montrer avec une expression menaçante. On appelle grigne-dents certaines personnes contrefaites et méchantes qui ont les dents fort longues. »

H. Gaidoz, E. Rolland, *Mélusine, recueil de mythologie, littérature populaire, traditions et usages*, Libr. Viant, Paris, 1878.

Jean-Jacques Rousseau avait été surnommé « *le Socialiste Grincheur* » par Isidore Ducasse, comte de Lautréamont, grand « regrigné », qui appréciait moyennement ses collègues plumitifs. « Depuis Racine, écrivait-il, la poésie n'a pas progressé d'un millimètre. Elle a reculé. Grâce à qui ? aux Grandes Têtes Molles de notre époque » (*Poésies*, 1870) qu'il surnommait gracieusement :

- Chateaubriand : *le Mohican-Mélancolique ;*
- Edgar Poe : *le Mameluck-des-Rêves-d'Alcool ;*
- Théophile Gautier : *l'Incomparable-Épicier ;*
- Lamartine : *la Cigogne-Larmoyante ;*
- Victor Hugo : le *Funèbre-Échalas-Vert ;*
- Musset : le *Gandin-sans-Chemise-Intellectuelle ;*
- Byron : l'*Hippopotame-des-Jungles-Infernales.*

Hippopotomonstrosesquippe-daliophobie (nom féminin)

Le mot existe ! presqu'officiellement… Récent néologisme humoristique (ou canular de cruciverbistes farceurs ?), il évite les dictionnaires usuels mais y entrera peut-être un jour ! Avec ses 36 lettres au compteur, aussi difficile à lire qu'à dire, ce grand compliqué mérite l'oscar du mot le plus long et bat à plates coutures le vieux « anticonstitutionnellement » et ses 25 petites lettres !

Au bout de cet interminable figure « phobie » : il désigne donc une peur. Mais laquelle ?

L'hippopomonstre serait un monstre légendaire exceptionnellement grand et gros. Quant à « sesqui » (un et demi) et « pédalian » (pied), ils ne nous éclairent pas vraiment sur le sens de ce gros *hippopomot* qui désigne… la peur des mots trop longs ! Le terme viendrait d'un épisode d'une série anglaise (émission de divertissement et de vulgarisation scientifique) nommée *Brainiac*, diffusée depuis 2003 sur Sky One et sur Discovery Channel (pour le reste du monde).

« Et doublement accablé est celui qui souffre d'hippopotomonstrosesquippedaliophobie : il ne tolère pas d'entendre le nom de son mal, puisque l'hippopotomonstrosesquippedaliophobie désigne tout bêtement… la peur des grands mots ! »

Omnilogie.fr, 23 avril 2010.

Encore un autre mot presqu'aussi long ?

Hexakosioihexekontahexaphobie ! (29 lettres !)

Sa signification ? Encore une phobie, comme son nom l'indique ; celle du diabolique nombre 666 !

Élucubration ésotérique ? Le nombre 666 (la somme des carrés des sept plus petits nombres premiers) fascine ! Pour les superstitieux, c'est le nombre du diable. Il est écrit dans la Bible (*Apocalypse de saint Jean*, chapitre 13, verset 18) : « Que celui qui a de l'intelligence calcule le nombre de la bête. Car c'est un nombre d'homme, et son nombre est six cent soixante-six. »

Insolenter (verbe)

On devine tout de suite l'affront sous ses quatre syllabes qui sifflent et claquent comme un « cataplasme de Venise », une giroflée à cinq feuilles : une bonne baffe ! Insolenter, c'est bien sûr manquer de respect, traiter avec insolence, offenser, blesser… Si le mot n'a plus guère cours, la pratique ne faiblit pas !

« Madame la duchesse se sentit soulagée d'avoir au moins insolenté sa sœur. »

Saint Simon, *Mémoires complets et authentiques du duc de Saint Simon*, 1675-1755.

En Suisse, au XIXe siècle, « insolenter » s'utilise couramment, mais désigne une action relevant davantage de l'insulte ou de l'injure que de la simple effronterie (source : Aimé-Jean Gaudy, *Glossaire genevois ou recueil étymologique des termes dont se compose le dialecte de Genève*… Marc Sestié fils, imprimeur libraire, Genève, 1820).

Malivolence (nom commun)

Ce mot-là (d'ancien français) est plutôt agréable et musical, mais sa joliesse nous trompe. Il chante une vilaine chanson !

La malivolence, c'est la malveillance, la mauvaise volonté. C'est l'antipathie, la mauvaise disposition envers autrui. Tout cela est affaire de « malengroignés ».

En un mot, c'est la haine !

« Toutes malivolences et haynes ou rancunes furent pardonnées au jour que la paix fut faitte et séellée… »

Collection des *Chroniques nationales françaises* écrites en langue vulgaire du XIIIe au XVIe siècle. *Œuvres de Froissart.*

Synonyme de malivolence : malamour.
« Malamour : antipathie. "L'exposant qui n'avoit envers eulz aucune malivolence ou malamour" » (*Dictionnaire historique de l'ancien langage françois...* de La Curne de Saint Palaye, 1697-1781).

Noisette (nom féminin)

Oui, noisette ! Le mot n'est pas rare, bien sûr, son sens reste connu, toujours d'accord, mais seulement quand cette noisette-là nous parle du fruit du noisetier ! Qui se souvient qu'autrefois le mot prenait une signification autre ?

La noisette commence mal et ce faisant « annonce la couleur » : enlevez-lui ses quatre dernières lettres, vous vous retrouvez avec *noise* (dispute). Et voilà, nous y sommes ! Une noisette n'était autre qu'une petite noise, une querelle !

« Petites querelles et noisettes sont aiguillons d'amourettes », disait le proverbe…

« Sur la fin, on disait à la cour qu'il ne la traitait pas trop bien pour pratiquer le proverbe, amours et mariages qui se font par amourettes finissent par noisettes. »

Brantôme, Cap. fr. III, p. 439, cité in *Dictionnaire historique de l'ancien langage français*… de La Curne de Saint Palaye (1697-1781).

Encore une petite expression « à la noix » ?
En direct du XIXe siècle (argotique) : « avoir un asticot dans la noisette ». Comprendre : avoir la mémoire qui flanche. L'asticot dévore l'amande de la noisette, par analogie, il dévore la cervelle.

Nombrillet (nom masculin)

Pas difficile de deviner ce qui se cache derrière ce mot : un joli nombril, bien sûr. Cette petite cicatrice ronde, zone sensible et érogène, nichée au creux du ventre, ce cher nombril chanté par Théophile : « Nombril je t'aime, astre du ventre / Œil blanc dans le marbre sculpté / Et que l'Amour a mis au centre / Du sanctuaire où seul il entre / Comme un cachet de volupté » (*Poésies de Théophile Gautier qui ne figureront pas dans ses œuvres*, France, Imprimerie particulière, 1873).
Le nombrillet, c'était aussi « une mignardise amoureuse » pour déclarer sa flamme à l'admirée, à sa colombelle, sa jazarde, sa drialette, son mieux, son âme, sa pucelette follette, sa chamade, son doux sucre, son petit trognon potelé… enfin le centre de son univers, le cœur de sa vie !
De la plaisante manière (la seule) d'être nombriliste…

« […] Donc mon petit nombrillet / Mon petit téton douillet / Ma passerelle mignarde / Ma colombe frétillarde / Ma douceur, viens apaiser / Par un délicat baiser / La flamme trop violente / L'ardeur trop étincelante / Qu'Amour

embusqué dedans / Tes yeux brunement ardents / M'a lancé dans la poitrine [...] » [orthographe modifiée]

Premières œuvres et souspirs amoureux, Guy de Tours, 1562-1611.

La langue de Vénus ose tout... quitte à caresser rudement de temps à autre. Autrefois, on usait de mots aujourd'hui incongrus : ma couillardine, ma couillette, ma fressure (mes petites entrailles), ma petite rate, mon téton, mon petit con doré, mon bedon, ma moufle, ma pantoufle... Ce qui paraît aujourd'hui choquant (ma couille, mon petit con, etc.) ne l'était pas à l'époque. En revanche, certains mots doux qui nous paraissent maintenant bien innocents comme : ma moufle, mon soulier, ma pantoufle ne sont que de grands coquins. Moufle, soulier, pantoufle sont quand même de ceux « que l'on enfile »... On ne pouvait plus claire allusion !

Pandiculer (verbe intransitif)

Pandiculer, pandiculation… les mots presque ridicules, voire, à la première écoute, provocants ou inconvenants, n'hésitent pas à se glisser sous la plume des poètes. Souvenez-vous, Rimbaud et *Les mains de Jeanne Marie* (juin 1871) : « Mains chasseresses des diptères / Dont bombinent les bleuisons / Aurorales, vers les nectaires / Mains décanteuses de poisons / Oh ! quel Rêve les a saisies / Dans les pandiculations / Un rêve inouï des Asies / Des Khenghavars ou des Sions »…

Pandiculer peut se pratiquer par n'importe qui, n'importe quand (surtout au réveil, en cas de fatigue, d'envie de dormir et d'ennui). Cela consiste à étirer les bras, renverser la tête et le tronc en arrière et étendre les jambes. On détend ses muscles, on bâille ! Ne dites plus « je m'étire », préférez « je pandicule » !

« Quant à l'amour, il le dédaignait, sans phrases, le considérant négligeable et si d'aventure quelque autre docteur y faisait la moindre allusion sérieuse aussitôt il bouffonnait et pandiculait en s'esclaffant. »

Léon Bloy, *La femme pauvre*, Éd. G. Grès, Paris, 1924.

Le mot (issu du latin *pandere* : étendre, déployer) se retrouve dès le XVIe siècle, mais la pandiculation remonte à la nuit des temps ! Que les déficitaires en magnésium y aillent quand même prudemment : risque de courbatures, de crampes… On vous aura prévenu.

Pleuviner (verbe)

« Clap, clip, clap / Petite pluie d'avril / Tombe du ciel en jolis diamants / Clap clip clap / Petite pluie d'avril / Ta mélodie est un enchantement… »

Vous souvenez-vous de la chanson de la pluie, par Bambi ?

Clap clip clap… flic flac floc… l'ondée a toujours fait couler de belles encres. Les poèmes, les chansons la célébrant sont nombreux. Les mots pour la désigner aussi. L'ondée, petite et fine, presqu'un crachin breton, un doux « pluviotis » s'appelait autrefois du joli nom de *pleuvine*. *Pleuviner*, c'est pleuvoir à peine ou tout doucement.

« Bonjour, ami Brisard, voilà qu'il pleuvine, ce n'est pas la peine de me tremper mal à propos ; je vais me mettre en tapis chez vous pour laisser la nuée s'égoutter ».

Extrait de « Le Marinier », *La Nouvelle Revue* (périodique), Paris, 1880.

« Pleuviner » a quelques vieux synonymes, eux aussi oubliés : plouvigner, pleuvigner, pluviner…

Pleuvine peut revêtir d'autres significations comme : assurance, cautionnement. Une de ses plus jolies nous arrive de Picardie et désignait autrefois les fiançailles (*pleuvine* du roman *pleiger*, engager) (source : Jules Corblet, *Glossaire étymologique et comparée du patois picard ancien et moderne*, 1851).

Prolégomènes (nom masculin)

En voilà un rare, un compliqué, un pédant, disons-le tout net. Toujours employé au pluriel, le mot sonne un peu « pharmacie » et « sirop contre la toux ».
Il désigne en fait une grande préface, une interminable introduction qui s'imagine indispensable pour la compréhension d'un texte.
Les fins lettrés en usaient et en usent encore…

« Ces prolégomènes rapides nous ont paru nécessaires sinon pour faire excuser du moins pour faire comprendre en partie le train de vie que mena Lord Byron au palais Mocenigo particulièrement et sans autre soudure littéraire pour rattacher l'exposé aux faits, nous en arriverons à la partie anecdotique […] »

Jules Lecomte, *L'Italie des gens du monde*, *Venise. Un coup d'œil littéraire, artistique, historique, poétique et pittoresque*, Éd. Hippolyte Souverain, Paris, 1844.

En cherchant juste un peu, force est de constater que les auteurs usant de ce petit cuistre ne sont pas si rares. Liste de quelques titres redevables pour la plupart à des célébrités :
- Emmanuel Kant, *Prolégomènes à toute métaphysique future qui pourra se présenter comme science*, 1783.
- Émile Amélineau, *Prolégomènes à l'étude de la religion égyptienne*, 1908.
- André Breton, *Prolégomènes à un troisième manifeste du surréalisme ou non*, 1945.
- Jacques Derrida, *Histoire du mensonge, Prolégomènes*, Édition Galilée, 2012.
- Jean Aubert, *Prolégomènes à la nuit* (recueil de poèmes), 1996.

Psittacisme (nom masculin)

Prétentieux, compliqué, pénible à prononcer, ce mot-là – une vraie rareté – fait le pontifiant, sans être peut-être un tourmenté volontaire : s'il est tarabiscoté, c'est bien un peu de la faute du latin (*psittacus*, perroquet) où il puise ses origines.

Maintenant, deviner le sens de ce mot devient plus facile, non ?…

Le psittacisme – ou *écholalie* (ça c'est un joli mot !) – c'est tout répéter bêtement, machinalement, comme un perroquet, sans raisonner ni comprendre le sens des mots utilisés.

« Aucun génie n'aurait pu imiter avec cette perfection la délicieuse et fraîche sottise de ces charmantes petites âmes. C'est la candeur dans toute sa rouerie, le mensonge dans toute son innocence, l'ignorance dans tout son orgueil, le psittacisme avec tout son gonflement de plumes. »

Rémy de Gourmont, *Le chemin de velours*,
Mercure de France, 1902.

Êtes-vous un véritable ami des bêtes et des perroquets ?

Test :

- Comment s'appelait le plus célèbre perroquet de Churchill, une femelle ara bleu, à laquelle il avait appris à maudire Hitler et les nazis ? [*réponse* : Charlie]
- Comment Louis-Ferdinand Céline avait appelé son gris du Gabon ? [*réponse* : Toto. Il lui avait été offert par sa femme pour le consoler de la perte de son chat Bébert. Toto savait dire « *les Tarrrrrtarres à Meudon !* »]
- Comment s'appelait le gris du Gabon de Georges Brassens ? [*réponse :* Jacquot, qui aurait pu s'appeler Jacquotte, c'était une femelle, qui sifflotait *Les copains d'abord*, lançait le soir « *dodo Georges* », « *clic* » quand Brassens rentrait et tournait l'interrupteur électrique... Elle criait encore « *bande de cons* » quand les copains se manifestaient un peu fort !]
- Dans *Un cœur simple*, Gustave Flaubert donne un perroquet au personnage de Félicité. Il s'appelle ? [*réponse* : Loulou]
- La Castafiore offre un perroquet au capitaine Haddock dans *Les bijoux de la Castafiore*. Son nom ? [*réponse :* Coco]

Quinteux (adjectif)

Un quinteux ou une quinteuse sont sujets à des quintes… de toux ou à d'autres accès ou quintes : ceux de la mauvaise humeur ! Un quinteux est aussi un individu capricieux, bourru, fantasque, extravagant, versatile, facile à irriter. On disait autrefois « quinteux comme une mule ». C'est vrai que les mules connaissent plus souvent qu'à leur tour de gros caprices et n'en font qu'à leur tête .

Quinteux s'emploie encore pour un cheval et même un chien désobéissant ou en fauconnerie pour un oiseau qui s'écarte trop.

« Les galants de profession disent qu'un mari est un homme grondeur, insipide, jaloux, quinteux, colère, capricieux, ridicule, pédant, atrabilaire, désobligeant, ombrageux. D'autres plus modérés disent simplement qu'un mari est un vent de bise qui vient parfois ravager et enlever les récoltes de l'amour. »

J.-B. de Saincric, *Le sacrifice de l'amour ou la messe à Cythère* suivi du sermon prêché à Gnide et d'un nouveau dictionnaire d'amour…, Éd. l'imprimeur ordinaire du plaisir, 1809.

« Il est quinteux comme la mule du pape qui ne boit et ne mange qu'à ses heures ». Vieil adage français, revisité par « la canaille exquise », Rabelais, qui précisait : « Ventre Saint Quenet, parlons de boyre, je ne boy qu'à mes heures comme la mule du pape » (Rabelais, livre 1, ch. 5).

Ramasse-ton-bras (nom masculin)

Vieux mot à rallonge, ancêtre de notre « fier-à-bras » d'aujourd'hui, il désignait les fanfarons, les matamores, les hâbleurs, enfin les casse-bonbon ! Ils « font fanfare », « fanfarent » (*se vantent*), plastronnent, prennent des airs avantageux et s'écroulent au premier courant d'air. Des crâneurs doublés de pleutres. Des prétentieux sans moyens (physiques ou moraux). Le mot n'est plus usité, mais la race n'est pas éteinte…

« *[…] le jeune frère du baron […] qui faisait les délices et l'espoir de la famille, étant un brise-cœur, un matamore, un ramasse-ton-bras, qui avait la beauté, la tournure et la rhétorique d'un tambour-major.* »

Souvenirs de la marquise de Créquy de 1710 à 1803,
Éd. Garnier frères, Paris, 1873.

À ne pas rapprocher de « casse-bras » ! Le ramasse-ton-bras peut en provoquer, mais n'en est pas un ! (un casse-bras : un revers, un embarras soudain.)
Synonymes anciens de « ramasse-ton-bras » : un mâchefer – un rodomont – un avaleur de charrettes ferrées – un abatteur de quilles – un architecte des fourbes (un hypocrite) – un brodeur (un menteur) – un dépuceleur de nourrice (vantard quant à ses

exploits amoureux) – un fendeur de naseaux – un âne couvert de peau de lion (qui fait mine de rugir et menacer) – un mangeur de viandes apprêtées (un poltron) – un mangeur de chrétien – un mangeur de petits enfants – un briseur de portes ouvertes – un grand casseur de raquettes...

Rassoter (verbe)

Pour beaucoup de dictionnaires, « rassoter » (un mot dont on trouve trace dès la fin du XIIe siècle) signifie infatuer, entêter. Il signifie encore rendre sot, faire devenir bête (chèvre !), stupide.
Autre sens (et autre façon de s'abêtir !) : faire éprouver un attachement déraisonnable, s'amouracher. « On l'a rassoté de cette fille, il veut l'épouser. »

« Je suis fils de roi et en droit d'être fier. L'heure est venue de montrer ma force après m'être trop longtemps laissé rassoter. »

F. Guessard, A. de Montaiglon, *Les anciens poètes de la France*, vol. X, A Fraucle éd., Paris, 1870.

L'argot « rassote », lui aussi. En langue verte, le mot signifie ensorceler, enchanter... Tout un (joli) programme !

Roger-bontemps (nom masculin)

En voilà un homme sympathique, toujours de belle humeur ! Un sans-souci doublé d'une bonne nature qui croque la vie avec joie.

On ne sait jamais très bien comment naissent ou d'où viennent les expressions. Pour celle-ci, certains y voient une altération de *réjoui* et *bontemps*, deux épithètes mérités par un joyeux drille ! D'autres préfèrent y « voir rouge » : « rouge bontemps parce que la couleur rouge au visage d'une personne promet je ne sais quoi de gai et non soucié ». Un autre avis, le plus crédité, en rapporte l'origine au poète Roger de Colleyre (1468-1536), prêtre et secrétaire de deux évêques d'Auxerre, réputé d'humeur joviale.

« Et que je sis (sic) encore une jeunesse car je n'ons que trente ans et d'himeur (sic) folichonne, un Roger-Bontemps ! »

Marivaux, *L'épreuve*, Comédie en 1 acte, sc. 2, 1740.

Vincent, François, Paul et les autres...

Les prénoms, « cool Raoul », prennent leurs aises et s'installent partout. Allez, « en voiture Simone », voici quelques vieilles et moins vieilles expressions les logeant :

Pas de ça, Lisette ! – Tu parles, Charles ! – Tout juste, Auguste ! – Chauffe, Marcel ! – À la tienne, Étienne ! – Marie couche-toi-là – Ça fait la rue Michel – Faire Tintin – Embrasser Fanny – Se faire appeler Arthur – Être gros Jean comme devant – Faire Jean (cocufier) – Être un saint Jean bouche d'or (ne pas savoir tenir sa langue) – un Jean de Nivelle, un Jean farine, un Jeanlorgne (un sot) [Jean prénom culte pour les expressions dévalorisantes !] – Faire Gilles (décamper) – Une reine Gillette (une prétentieuse) – Une Agnès (une idiote, une novice) – Faire sa Sophie – Faire le Jacques – Tranquille comme Baptiste – Relax, Max – Au hasard Balthazar – Pleurer comme une Madeleine – Du temps où Berthe filait...

À compléter...

Sérendipité (nom féminin)

Sé-ren-di-pi-té… cinq syllabes presque rebutantes à la cadence heurtée pour former un mot pas très joli, mais mystérieux, qui désigne le don de faire des trouvailles heureuses et inattendues. La sérendipité, c'est la découverte, par hasard, par erreur, par sagacité de quelque chose que l'on ne cherchait pas.

Des exemples ? Fleming découvre par hasard la pénicilline dans une culture de staphylocoques. Le Velcro (*vel* pour velours, *cro* pour crochet) est inventé par l'ingénieur Georges de Mestral après l'observation au microscope des crochets naturels de la bardane (il avait été intrigué par cette plante qui restait accrochée à son pantalon à chaque retour de chasse). Le Viagra est inventé au départ pour soigner l'angine de poitrine. Le Post-it, petit pense-bête auto-adhésif amovible, inventé par les américains Spencer Silver et Arthur Fry, résulte au départ d'une erreur (une colle qui ne colle pas bien) ; la tarte Tatin, une tarte aux pommes renversée, est inventée elle aussi accidentellement par Stéphanie et Caroline Tatin, deux restauratrices de La Motte Beuvron…

« Késako, la sérendipité ? Le terme est bizarre, opaque, n'exhibe aucune similitude avec quoi que ce soit d'autre, aucune étymologie, de sorte qu'on se dit qu'on ne le retiendra jamais et que l'oubli du mot provoquera toujours la méconnaissance de la chose [...] ».

« Le mythe de Serendip », Robert Maggiori, *Libération*, 22 janvier 2014.

28 janvier 1754, 1re apparition du mot (dans une lettre adressée par Horace Walpole à un ami, Horace Mann). L'Anglais Walpole, célèbre correspondant de la marquise du Deffand, venait de lire le conte persan *Voyages et aventures des trois princes de Serendip*, dans lequel les héros « utilisaient des indices pour décrire un animal qu'ils n'avaient pas vu ».

Extrait de la lettre à H. Mann :

« J'ai lu autrefois un conte de fées saugrenu, intitulé Le*s Trois Princes de Serendip* : tandis que leurs altesses voyageaient, elles faisaient toutes sortes de découvertes, par accident et sagacité, de choses qu'elles ne cherchaient pas du tout : par exemple, l'un des princes découvre qu'une mule borgne de l'œil droit vient de parcourir cette route, parce que l'herbe n'a été broutée que sur le côté gauche, où elle est moins belle qu'à droite – maintenant saisissez-vous le sens de serendipity ? »

Smaragdin (adjectif)

Mot sec et mystérieux, compliqué à prononcer, difficile à retenir… La première consonne siffle comme un serpent, les deux dernières syllabes évoquent encore le règne animal : rat, daim… Fichu zoo ! Drôle de jungle ! Et les deux dernières bêtes ensemble n'augurent rien de généreux (radin !). *Smaragdin* pourtant penche et pousse vers l'espoir. On est dans le champ chromatique du vert, associé à l'espérance, la reposante « couleur des jours ordinaires », la préférée d'Henri IV et Gabrielle d'Estrées, de Napoléon, de Louis XIV, de Claude Debussy, de Michel Pastoureau (historien de la couleur)… De *par ma chandelle verte* (la formule est d'Alfred Jarry), ce smaragdin(e) signifie tout simplement : qui a la couleur de l'émeraude et vient du latin *smaragdus,* émeraude…

« Le fol effroi des vents, avec des frous-frous frêles / Se propage en remous criblés de rayons grêles / Du smaragdin de l'herbe au plus glauque des bois […] »

Stuart Merrill, *Les gammes : vers* (La flûte),
Éd. Vanier, Paris, 1887.

À la recherche des tons perdus...

Les verts, dans leur infinie variété et leur poésie, ont toujours inspiré la création linguistique. En voici quelques-uns, pour certains bien oubliés :

vert clair tourmenté d'écume, vert de mer, vert d'huître, vert d'Artois, vert de montagne, vert d'Armor, vert de Sèvres, vert de Saxe, vert américain, vert d'iris, vert viridien, vert gai, vert d'osier, vert de terrasse, vert d'Antioche, vert d'Aubusson, vert de vessie, sinople, cul de bouteille (vert foncé), vert glauque (tirant sur le bleu), verd anglois (vert anglais), vert grec, vert naissant, vert crocodile, vert dragon, vert Milori, vert de chou, vert mouche cantharide (ou vert doré), vert perroquet, gros vert, vert de pré, nuages verts saisis dans un tourbillon de glace, couleur de crapaud (vert olive), couleur col de canard, vert changeant, vert Véronèse (ou cendre verte), vert herbu...

Sycophante (nom masculin)

Sycophante… le mot n'est ni beau ni laid, juste pas très courant et un peu poseur. Mais de quoi diable nous parle-t-il ? Que désigne-t-il ? Une maladie ? Une plante vénéneuse ?… Il paraît un peu suspect, non ? Prétentieux et suspect. Tout pour plaire ! L'image traître du serpent se faufile déjà avec le sifflant « ph » final…
Eh bien, sachez-le ou rappelez-vous-en, un sycophante n'est qu'un vilain petit rapporteur : un hypocrite, un fourbe, un menteur, un délateur ! À Athènes, c'est le nom que l'on donnait autrefois aux dénonciateurs.

« Les sycophantes du pays
Sans vergogne
Aux gendarmes nous ont trahis… »

Georges Brassens, *Les quatre bacheliers*, 1966.

Étymologie : via le latin *sycophanta* (« dénonciateur »), du grec ancien *sykofantès* (« celui qui dénonce le voleur de figue »). Selon Alain Rey et son *Dictionnaire historique de la Langue française* (2012), « le sycophante athénien dénonçait effectivement les voleurs de figues mais le mot n'est employé que dans son sens figuré de "délateur", et ce dès 1528 ».

Tartitude (nom féminin)

En voilà un qui sonne comme une « Ségolènerie » sur une grande muraille de Chine (souvenez-vous de la « bravitude »…).

Il se laisse deviner assez facilement dès sa première syllabe : *tar* (tard)… Les contemporains de Marie-Antoinette, ceux de Louis XV (voire quelques-uns de leurs ancêtres, bien avant eux) usaient de ce familier petit drôle pour désigner un retard. Tout simplement. La langue populaire (s'exprimant surtout par oral) répugne à se coucher dans les livres. À part dans quelques rares dictionnaires… Ce qui explique la présence ci-dessous de la définition du Le Roux.

« *Tartitude : retard, délai, prolongation.* »

Le Roux, *Dictionnaire comique, satyrique, critique, burlesque, libre et proverbial*…, 1718.

Tartitude et procrastination

Comment appelle-t-on un retardataire chronique, qui remet au lendemain ce qu'il ne fait pas le jour même ? Un procrastinateur ! Le mot traîne volontiers dans les « spots télé » ces derniers temps, mais Proust, déjà, en usait :

« Les difficultés que ma santé, mon indécision, ma procrastination, comme disait Saint-Loup, mettaient à réaliser n'importe quoi, m'avaient fait remettre de jour en jour, de mois en mois, d'année en année, l'éclaircissement de certains soupçons comme l'accomplissement de certains désirs » (Marcel Proust, Alber*tine disparue*, 1925).

Totoquini(t) (nom très masculin)

Tout, tout, tout, vous saurez tout sur le totoquini(t)... Un mot qui nous vient des siècles passés et désignait : le drôle, l'aiguille, l'allumelle, l'arbalète, l'aveugle, le bourdon, le boute-feu, la broche, la broquette, le bulletin, la caillette, le chalumeau, la chandelle, la chose, le cordon, le grimaudin, l'herbe qui croît dans la main, le mistigouri, la pastanade, le pilon, le poinçon, la quenouille, la seringue, le timon de carrosse, le zest, le callibistri, la cheville d'Adam, le coquin ravageur, l'exécuteur de basse justice, le hochet, le Jean-nu-tête, le joujou, le perrin boute-avant, le robinet de l'âme...
Plus récemment, et dans un style plus culinaire, on le retrouve sous d'autres vocables : le concombre, la carotte, le saucisson, le boudin, la banane, le poireau, l'anguille (de calcif, bien sûr), l'andouille, l'asperge, le cervelas, le légume d'amour, le macaroni, la merguez, le pain au lait, le radis, le salsifis, le sucre d'orge, le vermicelle (de contrebande)...
Toujours plus récents, mais dans le secteur « armement », plus ou moins lourd, relevons (si l'on peut dire) : le bazooka, la baïonnette, la carabine, la lance, le bistouri, la flèche, le canon, l'outil, le bâton, l'engin, le

gourdin, le pistolet (à eau chaude)… Rayon nunuche et petits mots affectueux, on peut encore proposer : Popaul, Boby, Gaspard, Jacques, le Jacquot, Charles le chauve, Félix, Charlot…

Chez les d'jeunes, envisageons la teub, le chib… Et chez les petits z'enfants ? le kiki, le zizi, la zigounette, le trilili, la bistouquette, le petit oiseau…

Listes non exhaustives bien sûr !

« Quand vous ne m'oubliez pas, vous ne retenez que la cabotine ivre de caresses et de succès, la mère dénaturée, la rivale, l'infidèle, la papesse du totoquini ! »

Catherine Guennec, *Le roman de Sophie Arnould, actrice chantante et courtisane*, Lattès, 2010 (désolée, aucune autre illustration trouvée pour ce discret « totoquini »…).

Sujet « chaud » et création lexicale généreuse où les oiseaux semblent, de tous temps, source d'inspiration (le moineau, le petit oiseau, l'oiseau béligou, l'oiseau sans plumes…). Saviez-vous que, par le passé (autour du XVIIIe siècle), le « chaud lapin » n'existait pas ? Il n'y avait que des « chauds moineaux » !

Zinzinuler (verbe intransitif)

Juste quatre syllabes rigolotes et le décor est planté, « y'a le printemps qui chante »… Nous voilà en pleine nature, cheveux au vent, rose aux joues, charmé par le gazouillis des ruisseaux, le bourdonnement confus des moustiques, les refrains des oiseaux zinzinulant, zinzinabulant, zinzilulant, zinzibulant… On se promène dans un roman de Cendrars – qui aime et emploie le mot –, dans un poème de Rimbaud, Hugo, Nerval… Ce sont les petits oiseaux qui zinzinulent ! Le verbe signifie chanter, gazouiller, mais il peut se faire moins drôle et vouloir dire « prononcer des paroles inappropriées aux circonstances » ou « radoter ». Répéter inlassablement la même rengaine, seriner, quoi !

« Je vaquais toute la matinée à mes ruchers en écoutant zinzinuler les mésanges et les fauvettes. »

Blaise Cendrars, *L'homme foudroyé*, 1945.

Étymologie : le mot, formé par onomatopée, semble emprunté au latin *zinzilulare* : gazouiller, jaser (en parlant de certains oiseaux). Apparition dans les dictionnaires dès le XIXe siècle (1840).

Des expressions

Aboyer à la lune

Mauvaise impression dès le départ. C'est la nuit, des plaintes s'élèvent, lugubres… On a (presque) le sentiment d'entendre un chien hurler à la mort… Mais on se calme ! La situation est grave mais pas désespérée ! « Aboyer à la lune », c'est crier inutilement, rouspéter en vain, contre plus fort que soi. C'est encore parler pour ne rien dire. Rien de définitivement dramatique en fin de compte. C'est le *to bark at the moon* des Anglais.

Variantes : aboyer contre la lune, aboyer avec la lune, aboyer après la lune.

« C'était un peu aboyer à la lune, comme aurait pu dire feu mon grand-père car il faut bien reconnaître que tout ce beau zèle, tous ces règlements nouveaux furent absolument impuissants […] »

Jules Renard, *Lettre d'un villageois, déporté, à M. le Commandant Olry, gouverneur de la Nouvelle Calédonie*, 15 janvier 1870.

Objectif Lune !

La Lune, reine de la nuit, inspire la langue française et ses expressions. À « en perdre son luminaire » :
faire un trou à la lune (faire faux-bond) – prendre la lune avec les dents (vouloir l'impossible) – coucher à l'enseigne de la lune (à la belle étoile !) – être bien ou mal luné – avoir des lunes (être fantasque) – avoir la lune ou un quart de lune dans la tête (être un peu fou) – chercher la lune en plein jour – un confrère de la lune (un cocu) – un visage (une face) de pleine lune – la lune de miel – promettre la lune – être dans la lune – des vieilles lunes – décrocher la lune – demander la lune – être con comme la lune...

Acheter chat en poche

Quand on sait que la poche, ici, est un sac, on peut commencer à deviner le sens de cette vieille expression. Les crédules ou les trop confiants achètent *chat en poche* (chat ou achat caché dans un sac), sans voir la marchandise. Ils s'exposent à une mauvaise surprise et risquent même de se faire gruger…
L'expression qui n'a plus cours aujourd'hui remonterait au tout début du XVe siècle.

« Vous avez raison : en pareil cas, il serait à propos que chaque souscripteur eût sous les yeux une manière de prospectus. Pour ne pas risquer d'acheter chat en poche. »

A. de Nerciat, *Les Aphrodites*…, 1793.

Le chat dans quelques expressions anciennes : avoir joué avec les chats (avoir le visage égratigné) – sortir en emportant le chat (sans saluer) – bailler le chat par les pattes (mal présenter une chose) – laisser aller le chat au fromage (accorder son pucelage) – dès que les chats seront chaussés (de bon matin) – payer en chats et en rats (être mauvais payeur) – entendre bien chat sans qu'on puisse dire minou (comprendre à demi-mot) – un chat ou une chatte (un(e) gourmand(e)) – une musique de chiens et de chats (une musique « enragée », discordante) – jeter le chat aux jambes de quelqu'un (l'accuser, rejeter sur lui la faute) – aller du pied comme un chat maigre (être bon piéton) – être propre comme une écuelle de chat (être sale et mal mis) – avoir de la patience comme un chat qui s'étrangle (ne pas en avoir !) – trotter comme un chat maigre (cheminer rapidement) – avoir un chat dans le gosier (dans la gorge !) – une voix de chat (grêle, délicate, sans étendue)...

Attendez-moi sous l'orme

L'expression, aujourd'hui oubliée, équivaut à un « cause toujours », ou un « compte là-dessus et bois de l'eau fraîche »…

Cette formule proverbiale, popularisée par la pièce de Jean-François Regnard *Attendez-moi sous l'orme* (1694), se dit – ou plutôt se disait – pour une promesse ou un rendez-vous que l'on n'avait pas l'intention d'honorer.

« Attendez-moi sous l'orme
Vous m'attendrez longtemps. »

J.-F. Regnard, *Attendez-moi sous l'orme*, sc. XX, 1694.

D'où vient cette expression ?

Autrefois, on plantait un orme devant les châteaux et les églises. L'endroit devenait lieu de réunion et on y rendait même la justice. Il arrivait que ceux qui devaient se présenter se fassent désirer… Leur réticence à se rendre à l'invitation, leur mauvaise volonté, motivant leur absence, donnera naissance à l'expression « attendez-moi sous l'orme » qu'ils devaient prononcer sans intention de s'exécuter.

Avaler la mer et les poissons

Vaste programme, beau menu… et six mots à l'adresse des incurables soiffards et des incorrigibles goinfres ! « La mer à boire » semblerait ne jamais avoir effrayé les gosiers les plus secs comme les âmes intrépides… L'expression s'employait familièrement pour désigner les appétits et les soifs insatiables, au sens propre comme au sens figuré.

« Mais, mais, Doudou, quel grand Gargantua ramènes-tu là ? s'écria à son tour la Frasie en apercevant la bête, il va avaler la mer et les poissons. »

Max Buchon (1818-1869), *Le fils de l'ex-maire*, 1855.

Et si on prolongeait vaguement le-séjour-bord-de-mer…

Autres expressions « pieds dans l'eau » :
porter de l'eau à la mer (apporter quelque chose qui existe déjà en abondance) - labourer le rivage de la mer, paver la mer (perdre son temps, peiner inutilement) - voguer en pleine mer (avoir une fortune bien établie) - être en pleine mer (avancer dans une vaste tâche) - nager en grande eau (être dans l'opulence)…

Avaleur de pois gris

Celui-là est un cumulard : un grossier personnage profiteur et bâfreur ! C'est un gourmand un rien parasite qui se régale de préférence quand ce sont les autres qui paient. C'est un glouton qui s'empiffre de tout jusqu'à des « pois gris » : une variété de pois très menus de couleur blanche tirant un peu sur le gris, également nommés « pois de brebis » et réservés aux bestiaux ! Rien n'effraie ni ne dérange l'avaleur de pois gris…

« Et toy, tu joue desjà des balligouinsses comme un singe qui demembre des escrevisses. Morbleu ! quel avaleur de pois gris ! […] quel estropiat des maschoires ! » (sic) (orthographe non rectifiée)

La Comédie des Proverbes, acte II, sc. 3, 1656.

Autres expressions anciennes et « avaleuses » : avaler le goujon (être dupé, souffrir patiemment) – avaler un crapaud (avaler des couleuvres) – avaler la brume (errer) – avaler sa chique (mourir) – avaler sa langue (rester muet) – avaler des couleuvres (expression toujours usuelle et employée en son temps par Chateaubriand et Mme de Sévigné) – avaler par le trou du dimanche (avaler par le trou à prières ou le gosier à prières, avaler de travers ; le dimanche est jour de messe, jour de prières...) – avaler la fève et le gâteau (laisser passer sa chance)...

Avoir le soleil qui luit dans son ventre

Avoir faim ! Aujourd'hui comme hier, il y a mille façons de le dire.

Avoir la dalle, les crocs, l'estomac dans les talons, claquer du bec, avoir une faim de loup ou un petit creux...

Avoir faim à manger un cheval entre deux matelas (spécialité irlandaise !). Sensation peu plaisante...

Médicalement, on parle même de phénomène de « faim douloureuse ». Avoir l'estomac vide, c'est souvent avoir l'estomac qui brûle, comme si un infernal et puissant soleil venait méchamment se loger au creux du ventre. Une vérité qui n'avait pas échappé aux passagers des siècles précédents qui savaient s'exprimer avec bon sens et poésie. « Ah ! Qu'en termes galants ces choses-là *[étaient]* mises... » (Molière, *Le Misanthrope*, 1667).

« On dit d'un homme qui a grand faim que le soleil luit dans son ventre ».

Philibert Le Roux, *Dictionnaire comique*..., 1718.

« Venir de la Rochelle » aux XVIIe et XVIIIe siècles revêtait ironiquement une signification étonnante : cela voulait dire « être maigre ».
Allusion au nom d'un poisson présent dans les eaux rochelaises (le maigre ou courbine, surnommé parfois « grogneur ») et allusion aussi au siège de la Rochelle (1627-1628) ordonné par Louis XIII et commandé par Richelieu, qui occasionna une terrible famine.

Une bibliothèque renversée

≠ une bibliothèque (vivante)

Une bibliothèque est un symbole de savoir, seulement quand elle se renverse… rien ne va plus ! On timbrait de « bibliothèque renversée » quelqu'un de savant, qui avait beaucoup lu mais dont les idées étaient embrouillées, confuses, qui faisait tout de travers et profitait mal de ses lectures.
En revanche, une « bibliothèque vivante » était toujours quelqu'un de savant, mais ses idées étaient claires et il savait tirer profit de son érudition.

« – Enfin monsieur, disait la princesse, vous ne nierez pas qu'il ne soit pas fort savant ?
– Ah ! pour cela Madame, rien n'est plus vrai : c'est une grande bibliothèque qui a un sot pour bibliothécaire. »

Mémoires de la baronne d'Oberkirch (1754-1803).

« L'étude des livres saints et les controverses religieuses occupèrent toute l'existence de François de Harlay. Homme de savoir, non de jugement, il fit dire de lui qu'il

était une bibliothèque renversée, un abîme de science où l'on ne voyait goutte… »

Nouvelle Biographie générale, Firmin Didot, 1854.

Pour prolonger le séjour en bibliothèque…

parler livre (parler savamment, parler comme un livre) - être écrit sur le livre rouge (être marqué à l'encre rouge, se signaler par ses erreurs) - être page blanche (être innocent) - allonger le parchemin (allonger un discours sans que cela soit nécessaire) - une bibliothèque volante (recueil de diverses pièces n'excédant pas six feuilles) - une bibliothèque (un savant, un érudit) - le livre des rois (le jeu de cartes, en argot)…

Chanter des oreilles

Et « écouter de la bouche », ou bien alors « parler des yeux » ?

C'est vrai que le regard peut être des plus éloquents…

La locution est un peu obscure, rare, mais amusante. On la retrouve dans le *Pantagruel* de Rabelais : « les frères ne chantaient que des oreilles », c'est-à-dire qu'ils ne chantaient pas, ne rendaient aucun son. De fervents adeptes du play-back, ma foi ! On la retrouve aussi dans la correspondance de Mme de Sévigné. Dans l'exemple cité ci-dessous, elle signifie « chanter mal ».

L'expression, plus populaire que littéraire, a privilégié l'oral et apparemment un peu boudé l'écrit.

« La bonne princesse alla à son prêche, je les entendais tous qui chantaient des oreilles, car je n'ai jamais entendu chanter comme cela. »

Lettre de madame de Sévigné à sa fille, le jour de Noël 1675.

Les expressions anciennes ont de l'oreille !

baisser l'oreille (être malade ou triste ou humilié) – tenir le loup par les oreilles (ne savoir quel parti prendre, le danger étant de tous côtés) – donner sur les oreilles (frotter les

oreilles, corriger) – corner aux oreilles de quelqu'un (le forcer à vous entendre) – être sourd d'une oreille et ne pas entendre de l'autre (ne rien vouloir savoir) – des oreilles de Midas ou d'âne (de grandes oreilles) – lever ou dresser l'oreille (être fier de sa réussite) – gratter l'oreille de quelqu'un (le flatter) – être crotté jusqu'aux oreilles (être fort mal dans ses affaires, être dans la m...) – du vin d'une oreille (excellent) – du vin de deux oreilles (détestable) – être toujours pendu aux oreilles de quelqu'un (le suivre continuellement) – avoir le bouquet sur l'oreille (être à vendre, pour une maison par exemple...) – avoir les oreilles qui cornent (croire entendre un bruit ou entendre de travers).
Une toute dernière ? « C'est un nid de souris dans l'oreille d'un chat », c'est impossible. Jolie, non ?

Chercher des taches dans le soleil

La tache, c'est ce qui salit, qui gâte. C'est la faute, l'erreur, la flétrissure, le péché, la souillure… Alors que le soleil, lui, brille de perfection.
La locution semble née en un temps où l'on imaginait monseigneur l'astre solaire sans taches ! Le feu ne pouvait qu'être pur !
« Chercher des taches dans le soleil », une expression bien oubliée, signifie vouloir trouver des défauts aux choses les plus parfaites.

« […] Mariette possédait une perfection quasi céleste. Lui chercher des défauts c'était chercher des taches dans le soleil. Aussi, plus il l'approfondissait, plus il la déclarait parfaite et plus que parfaite. »

Eugène de Margerie, « L'apothicaire de la Place des Vosges », *Contes et Nouvelles*, 1877.

Hello ! le soleil brille, brille, brille... en chanson comme en poésie et sous des noms divers :
l'œil du ciel, l'œil du monde, le maître des astres, l'âme du monde, le seigneur des étoiles, le père du jour, le fils aîné de la nature, le père nourricier, l'astre de lumière, le grand flambeau, charmant père du jour, flambeau de l'univers, globe d'or et de feu, centre de la lumière, superbe roi...

Un Chinois de paravent

Voilà qui n'est pas vraiment un compliment ou une gentillesse. Comprendre : une mocheté, une laideur ambulante, une sinistre horreur…
Le Chinois, petit personnage figurant sur les paravents, était selon la tradition (qui ne l'avantageait guère) représenté comme un vilain petit bonhomme vieux, chauve, à crâne pointu…

« Elle ne voulait pas s'enfermer dans une tour de porcelaine ni vivre avec un magot ou un chinois de paravent ».

Arsène Houssaye, *La pantoufle de Cendrillon, ou Suzanne aux coquelicots*, 1867.

D'autres gentils petits noms pour désigner les mochetés masculines d'autrefois ?

un babouin (une vilaine figure) - un baron de la crasse (un homme mal bâti qui se donne des grands airs) - un borgnibus (un borgne) - un magot (laid comme un singe) - un cheval de charrue (homme grossier et stupide) - un cormoran (homme très maigre très sec) - un hibou (bourru, taciturne, solitaire) - un Iroquois (un sot mal habillé, curieux de manières) - un gouverneur de lion (qui ne se change jamais et doit embaumer… le fauve !) - un meneur d'ours (de vilaine tournure) - un rhinocéros (quelqu'un de très laid avec ou non un nez important) - un robardo (homme très barbu) - des sépulcres animés (affreux et hâves comme des morts) - un tambour (un gros homme) - un pauvre vaisseau (un bon à rien) - un moule à poupée (mal bâti) - un pilobouffi (un joufflu) - un mirmidon (tout petit) - un marsouin (malpropre et gras) - un joli moineau (pour moquer un homme difforme et bête) - un marcassin (petit et laid) - un Adonis de la halle - un chat (ou un singe) botté - une courte botte - un souffleur de boudin (à gros visage) - un chevalier de parade à 5 sols par jour (gueux sans prestige ni allure) - un couteau sans lame (un bon à rien) - un crapaud des Indes (une laideur) - un crapoussin ...

Devenir chauve-souris

Nous sommes tous des chauve-souris !
Sans formule magique ni mauvais sort, on prend la « couleur de monsieur de Vendôme » (invisible), on se transforme en courant d'air, on file, on trace, on prend la poudre d'escampette et… on devient chauve-souris !
Cette vieille expression signifie : disparaître, s'évanouir, se volatiliser…
Ces animaux crépusculaires se croisent plutôt rarement : ils disparaissent dans la nuit, s'enfoncent dans le sommeil (ils dorment en général vingt heures par jour) et hibernent de longs mois au fond de grottes et greniers sombres ou dans de vieux troncs d'arbre.

« Par cette fantasque imagination de séparation de patrimoine, en l'héritier par bénéfice d'inventaire, on le fait devenir chauve-souris comme l'on dit… »

Jules Édouard Tambour, *Des voies d'exécution sur les biens des débiteurs dans le Droit romain…*, Éd. A. Lacour, Paris, 1856.

Devinette !

Comment appelle-t-on le petit de la chauve-souris ? [*réponse* : le chauve-souriceau]

Et la petite ? [*réponse* : la chauve-souricelle]

Au pluriel, ces deux-là deviennent : chauves-souriceaux et chauves-souricelles. Peut-être que « devenir chauve-souriceau ou chauve-souricelle », ce n'était que disparaître à peine et pas trop longtemps !

Emporter la pomme

« La pomme », le fruit défendu, associé au péché originel, désigne l'amour. Aujourd'hui comme hier, elle est accommodée à toutes les sauces et se retrouvent dans maintes expressions. *Emporter la pomme* signifie remporter l'affaire, gagner, sortir vainqueur…

Autre expression ancienne en direct du verger (pour souligner cette fois la faiblesse d'une chose, d'un individu) : « on l'abattrait à coups de pomme cuite » ! Encore une histoire de « pauvre pomme » à qui l'on ne « promet pas poires molles » (que l'on menace sérieusement) et qui risque de se faire « accommoder le visage à la compote » (à coups de poing) !

Dernière expression d'autrefois : être mis (ou troussé) comme un vendeur de pommes (être mal habillé). Et, pour finir en beauté, une jeune ravissante du Canada : « chanter la pomme », c'est-à-dire faire la cour. L'amour, toujours l'amour…

« Ce qui vous fait emporter la pomme sans contredit de ce côté-là, c'est la comtesse Du Barry, Mlle l'Ange passant sans interruption du Bordel sur le trône, des bras des

laquais dans ceux du monarque, culbutant le ministre le plus puissant […]. »

Charles Théveneau de Morande, *La gazette noire par un homme qui n'est pas blanc*, 1784.

Pomme et pommade

Ce fruit entrait dans la confection d'onguents et de pommades destinés aux soins de la peau ou des cheveux. « Pommade » viendrait d'ailleurs du mot « pomme » (les anciennes pommades auraient été aromatisées à la pomme). Familièrement, on disait, on dit encore : un coup de pommade (flatterie), jeter ou passer de la pommade (flatter).

Emporter le chat

Depuis toujours, et presqu'autant qu'en Égypte, les chats sont sacrés dans notre pays. Les Français aiment les chats, et la langue française aussi ! Les expressions liées au beau félin se comptent toujours par dizaines. Il y en a légion et *appelons un chat, un chat* ou disons-le tout net : « *Une chatte n'y retrouverait* [presque] *pas ses petits…* »

« Emporter le chat » – action peu recommandable – consiste à se comporter comme un sauvage doublé d'un gros mal-élevé, en prenant congé sans saluer ! (Autre sens : partir sans payer).

« […] Madame la Maréchale de Luxembourg me paraît avoir raison. "Emporter le chat" signifie à peu près "faire un trou à la lune". Les savants pourront y trouver quelques petites différences : ils diront qu'emporter le chat signifie simplement partir sans dire adieu et faire un trou à la lune s'enfuir de nuit pour une mauvaise affaire. Un ami qui part le matin de la maison de campagne de son ami a emporté le chat ; un banqueroutier qui s'est enfui a fait

un trou à la lune. Voilà tout ce que je sais sur cette grande question. »

Voltaire, *Lettre à M. le Chevalier de Lisle*, Ferney, 15 décembre 1773.

« C'est bien dommage que le grand Moncrif, favori de la reine et des chats, soit mort à mon âge. Il aurait assurément éclairci cette importante question », concluait Voltaire dans la même lettre. Il est vrai que François-Augustin Paradis de Moncrif (1687-1770), « l'historiogriffe » comme le surnommait Voltaire, connaissait bien les chats, il avait été leur historien ! Son *Histoire des chats* connut plusieurs éditions (la première date de 1727).

Un endormeur de mulot

Méfiez-vous ! C'est un flatteur, un trompeur, un enjôleur, « un conteur de fariboles », un attrape-minon (un hypocrite) qui vous endort de belles paroles. « On dit qu'il sait endormir les mulots quand la chose qu'on entreprend est arrivée. En ce cas, mulot signifie marmotte qu'il est aisé d'endormir », nous précise Pierre Richelet dans son *Dictionnaire* (1706).

On disait encore « un endormeur de couleuvres » : l'animal savait sûrement bien les faire avaler ! L'expression est relevée dès le XVIe siècle.

« – *Diane : Combien le quarteron ?*
– *Bonne : Rien que mon amitié, mon petit cœur.*
– *Martin : Ô quelle endormeurse de mulot !* »

Les Ramoneurs, 22, Éd. A. Gill, Didier, STFM,
cité par le CNRTL.

Autres expressions « dormeuses, endormeuses »... et amusantes :

avoir mangé de l'endormi (avoir dormi trop longtemps et peiner à se réveiller) – s'endormir sur le rôti (être mal disposé ou d'humeur ensommeillée et pratiquer l'amour sans grand enthousiasme) – dormir à bâtons rompus (« en pointillés », se réveiller très souvent dans la nuit) – de l'endort-minette (des bêtises auxquelles il ne faut pas croire) – dormir sans débrider (sans s'éveiller) – dormir la fraîche matinée (faire la grasse matinée)...

Être bien tendre aux mouches

Les expressions françaises, comme Dali, sont diptérophiles : elles aiment les mouches ! Le peintre, grand passionné, les considéraient comme « l'insecte paranoïaque-critique par excellence » et nos expressions, récentes ou plus anciennes, en débordent.

Être bien tendre aux mouches, c'est être trop sensible à leurs piqûres et à toute blessure en général. Être susceptible, s'offenser pour peu de choses.

« [...] en vérité, la vie est triste quand on est aussi tendre aux mouches que je la (sic) suis. »

Mme de Sévigné, *Lettre à M. le Comte de Guitaud*, juillet 1674.

Jusqu'au XVIIe siècle environ, le mot « mouche » désignait de nombreux autres insectes : l'abeille (la mouche à miel), le scarabée (la mouche cornue), le tique (la mouche à chien), le ver luisant (la mouche à feu ou la mouche luisante), le taon (la mouche aux bœufs)...

Être blanc de poulet

Le blanc, degré zéro de la couleur, ton neutre, achromatique, couleur qui n'en est pas une, qui se tait ou s'évanouit, se retrouve pourtant au détour de bien des phrases, au cœur des expressions (une colère blanche, un chevalier blanc, de but en blanc, être connu comme le loup blanc, une écriture blanche…). Son symbolisme est ambivalent : pureté, innocence, angélisme, paix… ou bien alors naïveté, vide, silence, absence, manque… « Être blanc de poulet », une expression qui n'a plus cours, s'inscrit dans la dernière catégorie, la négative. Elle signifie manquer de force ou de caractère. Avoir du sang de navet dans les veines !

Curieusement, l'expression « c'est pas du blanc de poulet » – elle aussi désuète et ne s'entendant plus guère même chez les marchands de nuggets ! – signifie « c'est pas de la tarte », c'est difficile…

« C'est un enfant beaucoup plus jeune que le vrai Norkus, fragile, un peu fille, un peu blanc de poulet… »

Michel Tournier, *Le Roi des Aulnes*, 1970
(cité par A. Mollard Desfours).

« Bernard dit de l'énigme : – Et ce n'est pas du blanc de poulet ! Ça donne l'impression de la maîtrise d'un homme qui en fera d'autres. »

Jules Renard, *Journal*, 6 novembre 1901.

Blanc, la couleur du poète...

« La couleur préférée de Mallarmé, celle qui sans cesse revient dans ses images – lys, cygnes, neiges, glaces – c'est le blanc [...]. Sans doute il a goûté dans le blanc cette figure de l'Absence qui plane sur toute sa poésie, ce symbole de la couleur qui se tait, de la virtualité frémissante, du silence posé. »
Collectif, *L'influence du symbolisme français dans le renouveau poétique de l'Allemagne*, Slatkine, 1974..

Être bleu de quelqu'un

Le bleu, parfois confondu avec le vert (comme chez les Arabes, les Aztèques ou les Bretons qui n'ont qu'un seul mot pour désigner ces deux nuances), était et reste très présent dans le langage. Des exemples ? Bailler bleu (être surpris), une barbe bleue (un personnage cruel), un conte bleu (des sornettes), un petit bleu (un homard, un télégramme, un vin…), un menton bleu (un acteur), des mots bleus (des mots d'amour), le pays bleu (imaginaire et merveilleux), avoir le sang bleu (signe de noblesse et gros mensonge, le sang aristocrate a bien sûr la même couleur que le roturier, rouge !), discourir dans le bleu (parler dans le vide), en voir des bleues (et de toutes les couleurs, en fait !), souffrir les diables bleus (voir des papillons noirs, souffrir), n'y voir que du bleu (ne rien y voir), ne pas être blanc bleu, se faire la bleue (sécher les cours), une peur bleue (on peut bleuir de peur, de froid, de fatigue, d'étonnement…), être bleu (être mouche, être toc, être mauvais, en argot théâtral), être fleur bleue…

Ici, être bleu de quelqu'un, c'est voir la vie en rose, être amoureux fou !

« Elle s'appelait Blanche. Elle avait des idées noires. Moi j'en étais bleu ».

Le Rire (hebdo), Paris, 10 novembre 1906.

Histoire belge...

Un étonnant belgicisme nous parle aussi de bleu et d'amour... « Être chocolat bleu pâle » (être follement amoureux) ! À croquer, non ?

L'expression peut aussi signifier être chocolat, être roulé, confondu... mais on la préfère très nettement quand elle parle d'amour !

Être brouillé avec le chevet

La signification de l'expression est plutôt facile à deviner…

Le chevet était un oreiller long et rempli de plumes, un traversin. Être brouillé avec, c'était être fâché avec Morphée et ses doux pavots, connaître des nuits blanches.

Confidence d'une vieille insomniaque : « Dormez-vous monsieur ? Pour moi, je ne ferme pas l'œil et cette manière d'allonger ma vie me déplaît fort » (madame du Deffand, *Lettre* (à Voltaire), 13 décembre 1768).

« Être brouillé avec le chevet : manière de parler pour ne point dormir, ne pouvoir prendre son repos […] ne pouvoir clore l'œil. "Je croyais qu'il n'y eût que les amans (sic) qui fussent brouillés avec le chevet" »

Dictionnaire, Le Roux, 1718.

Autre expression ancienne incluant le chevet : une épée de chevet ; elle désigne un ami brave et prompt à nous défendre en toute occasion, ou bien encore une chose familière.

Être gris jusqu'à la troisième capucine

Expression rare et stade joliment floral mais avancé de soulographie. Être gris, c'est aussi être *noir*, *paf*, *en avoir par-dessus le menton*… enfin avoir abusé de la bouteille.

Ici, les capucines ne sont pas des fleurs, mais des anneaux de métal reliant le canon et le bois d'un fusil. La dernière capucine est rapprochée de la gueule (l'embouchoir). L'expression « jusqu'à la troisième capucine », courante au XIXe siècle, signifie énormément, à fond, à bloc…

« Monsieur, ajoutèrent ensemble Colline et Rodolphe […] veuillez excuser notre ami, il est gris jusqu'à la troisième capucine. »

Henri Murger, *Scènes de la Bohême*, 1851.

Un peu moins de 50 autres nuances de gris (à travers les âges) :

gris naïf - gris d'ours - gris de souris - couleur de rat - gris petit minime - gorge-de-pigeon - écarlate ardoisé - suie des cheminées de Londres - fumée d'opéra - réglisse - gris d'eau - couleur de prince - gris de ramier - gris noir - gris d'été - gris de pain - gris violent - gris de castor - gris ciel - gris d'épines - haleine d'éléphant - gris de sauge - gris lavande - gris de souris pâle - vert de gris en poudre - gris argentin - gris de maure - gris Trianon - gris tourterelle - gris chinhilla - gris taupe...

Être logé chez Guillot le songeur

L'expression n'est pas jeunette…

« Guillot le songeur » est en quelque sorte l'ancêtre de « Pierrot de la lune ». Être logé chez l'un ou l'autre, c'est avoir l'esprit en écharpe, être rêveur, pensif, mélancolique, hypocondre, triste… « Guillot le songeur » ferait référence à un « Guilhan le pensif », un chevalier de la cour du roi Lisvard qui l'appelait « le plus grand rêveur du monde ». Parce que Guilhan pensait tellement à sa dame qu'il en oubliait tout le reste !

« Voyez cy nostre songeur… Adoncques, dist Panurge, j'en suys bien chez Guillot le songeur. J'ay songé tant et plus, mais je n'y entends note. »

Rabelais, *Pantagruel*, I, III, ch. IV.

« Loger » se niche dans beaucoup d'expressions françaises :

loger à la belle étoile (coucher dehors) – loger aux petites maisons (être fou) – loger aux quatre vents (habiter une maison à courants d'air ou sous les ponts) – loger quelqu'un (le faire prisonnier) – loger l'aveugle (« faire la bête à deux dos », pratiquer l'acte de chair) - être logé chez le sieur d'Argentcourt (jeu de mots : être sans le sou) - en être logé là (en être là) - être logé auprès de sa belle comme le bénitier dans l'église, près de la porte et loin du chœur (être repoussé par l'élue de son cœur). De quoi loger encore chez Guillot le songeur...

Faire barbe de paille à Dieu

Expression ancienne et un peu mystérieuse… inusitée et incompréhensible de nos jours, que l'on pouvait raccourcir : « faire barbe de paille ».
Ses origines ? Elle s'est probablement bâtie sur un vieux proverbe : « faire à Dieu barbe de feurre (paille) », c'est-à-dire lui donner une gerbe de feurre (de paille) au lieu d'une gerbe de blé. Autrement dit tromper, être hypocrite.
« Faire la barbe » signifiait aussi être fin, plus rusé que l'autre, réussir à tromper celui qui voulait vous duper. Signifiait encore braver quelqu'un, lui faire la nique.

« L'on ne pria les saints qu'au fort de la tempête / L'on trompa son prochain, la médisance eut lieu / Et l'hypocrite fit barbe de paille à Dieu. »

Mathurin Régnier (1573-1613), *Satyre*, VI.

Association de malfaiteurs & vieux hypocrites

Quelques mots pour les dire :
un attrape-minon (un hypocrite) - un valet de carreau (un homme méprisable) - un architecte des fourbes - un brodeur (un menteur) - un cafard (un hypocrite, un bigot) - un cagot - un crocodile - un enfant du diable (un menteur) - une lime sourde

(un sournois) – un mangeur de chrétien ou un avaleur de charrettes ferrées ou de petits enfants (un menteur) – un papelard – une patte-velue – un père béat – un père douillet (autre sens : un père tranquille) – des sépulcres blanchis – un songe-malice – un tison d'enfer (un méchant) – un homme à deux visages (un fourbe) – un chattemitte – un escobar – un félon – un matois – un judas – une sainte nitouche – un pharisien...

Faire des almanachs

Tout le monde connaît le sens d'almanach ; il s'agit d'une publication avec le calendrier de l'année à venir, des éphémérides, les positions du Soleil et de la Lune, les dates des éclipses… et aussi une compilation d'informations diverses qui tiennent aux modes et aux intérêts du temps. Les époques anciennes ne faisaient pas trop la différence entre astronomie et astrologie. Au XVIe siècle, on voit apparaître des almanachs prophétiques proposant des prédictions astrologiques, appelées « pronostications ». Les plus célèbres sont celles de Nostradamus. Michel de Nostre-Dame, qu'on ne présente plus, va s'adonner de 1550 jusqu'à sa mort, à la fabrication d'almanachs. Il va « faire des almanachs » : s'amuser à faire des prévisions, des prédictions ! Autre sens de l'expression : se bercer d'illusions.

« On parle toujours de la guerre, vous pouvez penser combien j'en suis fâchée. Il y a des gens qui veulent encore faire des almanachs. »

Lettre de madame de Sévigné à sa fille, 9 mars 1672.

Autres expressions avec *almanach* :
des almanachs (des conseils) - faire des almanachs (se bercer d'illusions) - son corps est un almanach (se dit de quelqu'un qui ressent des douleurs au changement de temps) - c'est un almanach de l'an passé (quelque chose qui n'a plus d'utilité ou d'intérêt) - un faiseur d'almanach (quelqu'un qui se mêle de faire des pronostics à la noix) - une vérité d'almanach (une information de peu de valeur, de faible niveau) - des sornettes d'almanach (des fadaises)...

Faire le demi-crucifix

Si faire le crucifix, c'est étendre les deux bras, faire le demi-crucifix consiste alors à n'étendre qu'un seul bras.
Tendre le bras… ça y est ? Vous y êtes ? Mais oui, c'est faire la mendicité, demander l'aumône…

« Moi je retournai dans le Poitou et fis quarante lieues au moins avec vingt sols en liard sans avoir fait le crucifix. »

Daniel Roche, *Journal de ma vie. Jacques Louis Ménétra, compagnon vitrier du XVIIIe siècle*, Albin Michel, 1998 - [réédition de *L'autobiographie d'un homme du peuple*, 1982].

Le crucifix ne « fait [*pas seulement*] bien dans une alcôve ou à la guillotine » (Flaubert, *Dictionnaire des idées reçues*, publication posthume 1913), il fait aussi de jolies apparitions dans quelques vieilles expressions :
- un crucifix à ressort, un crucifix à l'esbroufe (un pistolet en argot). Et pourquoi un *crucifix* ? Parce que l'un et l'autre, pistolet et crucifix, « se présentent aux heures suprêmes » ;
- un crucifix (un mangeur de saints, un mangeur d'images, un dévot, un bigot) ;
- mettre ses ressentiments au pied du crucifix (les oublier pour l'amour de Dieu).

Faire le pont Neuf

« Faire le pont Neuf », c'était faire quelque chose d'extraordinaire, presqu'au-dessus de ses forces ; c'était faire une merveille, puisque le pont Neuf était une merveille !

Henri III avait lancé sa construction à Paris en 1578. Fin des travaux sous Henri IV (1607). Les autres ponts parisiens (qui s'écroulaient facilement sous le poids des maisons qu'ils supportaient) étaient en bois, celui-là se bâtit en dur, en pierres et n'est bordé d'aucune maison ! Il accueille en revanche de nombreux bateleurs, saltimbanques, chanteurs, filles… et devient un grand lieu d'amusement populaire. Il résiste aussi et sans graves dommages à de méchantes crues, il est tellement solide ! Sa réputation est faite ! On évoque sa robustesse en prenant l'habitude de le glisser dans la conversation : on est solide comme le pont Neuf, on va ou on se porte comme le pont Neuf (être en bonne santé, en bonne forme)… Un « pont Neuf » devient pourtant au fil des ans, quelque chose de banal, de commun.

Autres expressions l'englobant : un avant-coureur ou un officier du pont Neuf (un voleur), un ermite du pont Neuf (un coureur de rue), une demoiselle du pont Neuf (une prostituée), fredonner un pont Neuf (fredonner un refrain connu, facile)... Sa belle réputation de costaud émeut jusque l'art culinaire qui nous donne les « pommes pont-Neuf », des pommes de terre frites taillées en bâtonnets épais (1 cm d'épaisseur). (D'aucuns le prétendent, les frites seraient apparues sur les ponts parisiens en pleine Révolution, vers 1789 !)

« Le mariage de M. de Lavardin est toujours sous terre et n'en saurait sortir. Mademoiselle de Lavardin me parut hier dans la même incertitude que je vous ai représentée. Cet état n'est pas obligeant pour une famille qui croit avoir fait le pont Neuf pour une prompte décision. Ces écritures célestes sont quelquefois bien difficiles à déchiffrer. »

Lettre de madame de Sévigné à sa fille, 5 avril 1694.

Une jolie expression ancienne, destinée aux enfants, évoque aussi un pont : « être sur le pont de sainte larme » (être sur le point de pleurer) ; une expression qui aurait convenu au très chagriné Henri III au matin du premier jour de construction du pont Neuf, dès la pose de la première pierre : il venait de perdre Caylus et Maugiron, deux de ses Mignons, tués en duel...

Garder les manteaux

Garder les manteaux, c'est comme « tenir la chandelle », c'est-à-dire assister à des amusements sans y participer, servir de tiers complaisant dans une relation amoureuse ou être seul avec un couple bien occupé et connaître un grand moment de solitude… En Angleterre, une ravissante expression fruitière et vitaminée explique le même cas de figure avec : « jouer la groseille » ! (*to play gooseberry*). L'histoire ne dit pas si la groseille est « à maquereau »…

« Avant de vous réduire au triste rôle de garder les manteaux et de noter les coups comme un garçon de billard, vous avez longtemps courtisé la Muse, vous avez essayé de la dévirginiser mais vous n'avez pas assez de vigueur pour cela. »

Henry Bataille, *Écrits sur le théâtre*, Paris, G. Grès, 1917.

Fiat lux !

C'était au temps où les services d'EDF n'existaient pas… On prétend (« SGDG »*) que le personnel de maison pouvait les remplacer avantageusement. Le valet tenait – dos tourné – le chandelier (la chandelle) devant le lit conjugal des maîtres qui réclamaient un peu de lumière pour leurs ébats… L'expression, évoquant une situation assez embarrassante, est restée ! D'autant que le sous-entendu érotique de la chandelle tombait plutôt à pic…

* SGDG : Sans Garantie Du Gouvernement et… Sans Garantie De Guennec (l'auteur).

Jeter son coussinet

Expression synonyme ? Jeter son plomb ! Mais voilà qui ne nous avance guère pour mieux comprendre ces locutions d'autrefois, c'est sûr… Lire alors ce qui suit pour « trouver la fève au gâteau… » Dans les deux cas, plomb ou coussinet, on jette son dévolu sur quelqu'un ou quelque chose. On s'arrange pour obtenir adroitement ce que l'on désire. L'expression s'inspirerait d'un vieil usage qui consistait à marquer sa place ou à la retenir en y posant un coussin.

« Mais toutefois monsieur, que cela ne vous blesse / Elle a sçeu qu'il alloit espouser la comtesse / Et comme elle a jeté sur luy son coussinet / Car elle a creu l'avoir, je vous le dy tout net… »

La Belle Plaideuse (théâtre comique), 1654.

N'en jetez plus !

D'autres expressions (toutes époques confondues) s'amusent à « jeter » elles aussi :
jeter un beau coton (faire mauvaise figure, être laid à regarder) – jeter la plume au vent (se hasarder, risquer) – jeter de la poussière aux yeux (de nos jours, c'est de la poudre que l'on jette aux yeux !) – jeter le bébé et l'eau du bain – jeter l'argent par les fenêtres

– jeter la pierre – jeter l'éponge – se jeter dans la gueule du loup – jeter de l'huile sur le feu – jeter des fusées (vomir) et jeter cœur sur carreau (*idem*, écorcher le renard, vomir) – jeter le manche avant la cognée – jeter des perles devant les pourceaux – jeter les quatre fers en l'air (renverser, tuer) – jeter le froc aux orties – jeter les épaules de mouton toutes rôties par les fenêtres (jeter son bien par les fenêtres) – jeter le chat aux jambes (accuser d'une faute) – se jeter sur la friperie de quelqu'un (l'outrager)...

Ma langue me dit vas-y vas-y...

...et il faut l'écouter ! Raisonnablement, c'est une gourmande... Mais que signifie cette alléchante brochette de huit mots ?

L'expression populaire, bon enfant et pousse-au-crime, qui court les XVIIe et XVIIIe siècles (peut-être un petit peu avant et un petit peu après, les mots n'arrivent pas à l'heure pile et ne s'arrêtent pas au coup de sifflet !), s'employait quand on avait une furieuse envie de goûter ou manger quelque chose. Une belle viande, une sucrerie, un gros gâteau... Au diable les régimes ! Vive les jeunesses pulpeuses, les beautés rondes et en avant pour « le pâté, la potée, le potage et les pâtes au gratin, le riz au lait, le ris d'veau, l'rizotto, l'riz complet, le lolo du matin, la tarte aux poires, le tartare, le homard, le pommard et la tarte Tatin, la purée, l'apéro, le Vouvray, le Gevray Chambertin » (Alice Dona, *Chanson hypocalorique,* 1978).

« Ma langue me dit vas-y, vas-y ! Ce vieux fruitier doit connaître le Brocatel... »

Henri Lavedan, *Irène Olette* (roman), 1920.

D'autres vieilles expressions à langue bien pendue ?

- tirer la langue d'un pied de long (être dans le besoin) ;
- avoir la langue longue (ne pas savoir tenir un secret) ;
- avoir la langue grasse (bégayer ou buter sur certains mots) ;
- avoir la langue liée (être silencieux) ;
- donner du plat de la langue (faire du plat, enjôler)...

Manger des pois chauds

Expression chère à madame de Sévigné et retrouvée à plusieurs reprises dans sa correspondance. Elle signifie : hésiter, être embarrassé, ne savoir que répondre… Être gêné, « comme le mangeur qui craint de se brûler et va lentement » (E. Pilastre, *Petit glossaire des lettres de madame de Sévigné*, 1908).
C'était déjà bien connu : « chi va piano, va sano » (qui va doucement va sûrement).

« […] si on me presse sur sa bonne maison, je mangerai des pois chauds comme monsieur de la Rochefoucauld. Si votre réponse est dans le paquet perdu, redites-moi à peu près ce que je dois dire… »

Lettre de madame de Sévigné à sa fille, 15 juillet 1689.

Expressions anciennes en direct des cuisines ou du potager :
un avaleur de pois gris (un goinfre) – souffler des pois (ronfler avec violence) – la fleur des pois (le top du top) – ne manger que des carottes (faire mauvaise chère) – en user comme des choux de son jardin (ne pas se gêner) – ne pas valoir un trognon de chou (ne pas valoir un clou) – être trouvé dans un chou (être de naissance inconnue) – de la crème fouettée (de la poudre aux

yeux, beaucoup d'apparence et pas de consistance) – emporter la pomme (remporter l'affaire) – grêler sur le persil (se venger contre plus petit que soi) – un mangeur de pommes (un Normand) – donner des noisettes à qui n'a plus de dents (donner une chose à qui ne peut s'en servir) – être vêtu comme un oignon (avoir plusieurs vêtements l'un sur l'autre) – ne pas promettre poires molles (menacer) – avaler des poires d'angoisse (être dans la misère, sans se plaindre) – la pomme (l'amour) – les pommes, les pommettes (les seins) – garder une pomme pour la soif (de nos jours, on préfère la poire !) – donner des fèves pour des pois (rendre la pareille) – les fèves sont en fleurs (pour reprocher la folie ou la faiblesse d'esprit) – aller et venir comme pois en pot (s'inquiéter et faire les cent pas) – un artichaut (un imbécile) – Perrette à l'oignon (petite babillarde)...

Marcher sur des rasoirs

Aïe, aïe, aïe… Il y en a des façons de marcher ! Marcher sur des œufs, sur la corde raide, sur la tête, sur les plates-bandes des copains, sur la pointe des pieds, à pas de loup, à la baguette… La plus sensible, à hauts risques, reste quand même la marche sur les braises ou le tranchant d'un rasoir ! Situation critique, cruelle, embarrassante que l'on a hâte de voir finir. Marcher sur des rasoirs, c'est comme « marcher sur des charbons ardents ». Dans les deux cas, l'affaire reste délicate. On s'engage dans une voie difficile. À l'idée d'inquiétude et de danger s'ajoute aussi celle d'impatience.

« Tout le monde étoit enlevé et disoit que c'étoit marcher sur des charbons ardents, sur des rasoirs, que de traiter cette matière si adroitement et avec tant d'esprit… »

Lettre de madame de Sévigné
à monsieur le comte de Guitaud, 4 mars 1683.

Expressions (anciennes et récentes) synonymes ou approchantes :

être au rouet – être à la torture – être au supplice – être sur le grill – souffrir mille morts – être crucifié – avaler des poires d'angoisse (souffrir bien des maux sans se plaindre).

Mardi, s'il fait chaud !

Voilà une vieille expression que l'on employait pour se moquer ou se débarrasser d'un importun. Une jolie « formulette » que l'on glissait déjà dans la conversation sous Louis XVI et probablement encore bien avant.

L'époque contemporaine l'a oubliée et remplacée : « Mardi s'il fait chaud » (ou « quand les poules iront en béquilles », « quand les ânes parleront latin ») correspond aujourd'hui à un « à la saint-glinglin » ou à un « quand les poules auront des dents »… En Espagne, on préfèrera « quand les grenouilles auront des poils »…

À traduire, bien entendu par : « jamais » !

« Non, non, pas de ça. Mardi s'il fait chaud ! »

Émile Zola, *L'Assommoir*, 1876.

Le mardi, troisième jour de la semaine (le premier est le dimanche) inspire notre bonne vieille langue. « Nous aurons mardi fusée » se disait autrefois en parlant d'une besogne qui s'effectuait trop lentement et *Mardi !* était aussi un bon vieux juron (comme « mercredi », qui s'employait ou s'emploie encore à la place du mot de 5 lettres, « merde » !).

Un niais de Sologne

Encore un « crétin des Alpes » ou un « ahuri de Chaillot » ?

Que nenni ! Le niais version solognote d'antan est quelqu'un d'adroit, d'habile qui contrefait le simple d'esprit pour tromper son monde. S'il fait erreur, ce n'est qu'à son avantage !

La Sologne a donc souffert d'une bien vilaine aura... On disait ses enfants « défiants et peu communicatifs ». « Et le nuage noir de s'abattre [*encore*] sur ces pauvres gens » réputés « orgueilleux, envieux, indisciplinables, ennemis de correction, infiniment lâches et poltrons, paresseux et fainéants, perfides... » (*Mémoires de la société archéologique de l'Orléanais*, t. 32, 1908). Heureusement, les mauvaises réputations, c'est comme certaines expressions, « autant en emporte le vent »...

« Il y avait un langueyeux de porcs... un niais de Sologne avec sa marraine, en pêle-mêle avec des malandrins estropiés... des trucheurs de ruelle et des clabauds de cohue. La

foule attendait qui n'arrivait pas. Ne donnez rien aux chats quand ils miaulent ! »

Souvenirs de la marquise de Crécy (1710-1803).

Alors, tous des niais en Sologne ?

Quelques-uns de ses enfants ont su joliment « sortir du lot » :

- Eugène Labiche (propriétaire du château de Launoy à Souvigny-en-Sologne et maire du pays en 1868) ;
- Alain-Fournier, l'auteur du *Grand Meaulnes* (1913), né à La Chapelle-d'Angillon ;
- Maurice Genevoix, l'auteur de *Raboliot* (1925, il y évoque la vie d'un braconnier de Sologne) ;
- Claude Seignolle, qui a habité Presly et Sainte-Montaine, auteur de *Contes, récits et légendes des pays de France* (le 2e tome publié en 1997 est en partie consacré à la Sologne) et d'un roman *La Malvenue* (1952, l'action s'y déroule aussi en Sologne).

De l'onguent (de) miton mitaine

L'expression est joyeuse, chantante. On la dit issue d'un refrain populaire (ou imitant volontairement un refrain populaire, « bâti sur une alternance vocalique comme dondon-dondaine, tonton-tontaine, ribon-ribaine »).

Elle désigne un vrai-faux remède de charlatan, de bonimenteur ! Voilà de l'onguent sans vertu, de la poudre de perlimpinpin, de « la poudre d'oribus » (de la poudre d'or), qui au propre comme au figuré, ne fait ni bien ni mal, mais ne guérit rien. C'est de la belle arnaque qui, sait-on jamais, peut générer un petit effet placebo. De l'influence du mental sur l'organisme… *Miton mitaine*, *perlimpinpin* ne sonnent-ils pas un peu comme des formules magiques ?

« Notre petite Claudine a les fièvres, qu'il lui bâille un remède. Bon ! dit le paysan, il lui bâillera de l'onguent de miton mitaine comme les autres. »

Marivaux, *Les aventures de Brideron*, 1736.

Placebo, Nocebo...

Le terme « placebo » apparaît dès le Moyen Âge dans l'expression *placebo Domino* (du latin, je plairai au Seigneur). L'effet contraire existe, il se nomme *effet nocebo* (du latin, je nuirai).

Parler à tâtons

Facile à deviner, non ? À tâtons… on s'avance sans trop d'assurance, à l'aveuglette… en tâtonnant ! Parler à tâtons, c'est parler d'une chose sans la connaître vraiment, sans expérience. « À tort et à travers », sans trop rien y comprendre. « L'avenir m'est inconnu, écrivait La Fontaine, et je n'en parle qu'à tâtons »…

« Chapelain […] lui reprochait de ne rien savoir à fond et [de donner] à tout, de parler à tâtons des choses qu'il ignore. Voltaire le juge et le condamne d'un mot : "il effleura beaucoup de genres de sciences" […] le plus grand reproche […] avoir été en toutes choses éternellement superficiel. »*
[*les reproches s'adressaient à Samuel Sorbière, médecin, hommes de lettres, philosophe, précepteur, physicien… enfin grand touche-à-tout !]

Revue d'Histoire littéraire, A. Colin, PUF, 1894.

QCM !

Comment nommait-on les incorrigibles bavards qui taillaient en plein drap (parlaient sans frein), les balanceurs de chiffon rouge [le chiffon rouge : la langue], les babillardes à langue intempérante ? Quelques propositions :
Marie bon bec – Marie à la coque – Marie quatre langues – Marie Jacasse – Perrette à l'oignon – une servante à Pilate (intrigante à langue bien déliée) – une langue serpentine – une langue d'acier – une langue de Satan – une langue de couleuvre – Javotte – un embryon de l'art oratoire (un bafouilleur) – caquet bon bec – une grande bouche – un moulin à paroles (une expression qui plaisait à madame de Sévigné…) – un claque-dents – un diseur (le mot se retrouve chez Molière, notamment dans *Le Misanthrope*)…

Pousser le temps à l'épaule

Drôle d'exercice que celui-là… et qui se pratique aujourd'hui encore, mais en d'autres termes : gagner du temps, différer, faire attendre, temporiser, passer le temps…

Autre sens : vivre petitement en attendant des jours meilleurs.

Autres expressions amusantes, ayant rapport au temps : garder le mulet (perdre son temps), croquer le marmot (patienter longuement), s'amuser à la moutarde (perdre son temps), compter les clous d'une porte (perdre son temps, attendre en s'ennuyant)…

« Puisqu'il fait cher vivre aujourd'hui / Que nous ne pouvons pas faire la rocambole / Mettons le cure-dent, Gondimel, dans l'étui / Poussons le temps avec l'épaule »

Louis de Chapat, *La Clincaille du Parnasse*, t. 1, 1777.

« Vos lettres me donnent courage et m'aident à pousser le temps par l'épaule comme on dit en ce pays ».

Lettre (d'Uzès) de Jean Racine à M. Vitart, 25 juillet 1662.

Au même Vitart, il écrivait et dédiait un poème en janvier de la même année.

Extrait (célèbre) : « *Le ciel est toujours clair tant que dure son cours / Et nous avons des nuits plus belles que vos jours…* »

Variantes :

- Pousser le temps de l'épaule ;
- pousser le temps avec l'épaule ;
- pousser le temps par l'épaule ;

et à propos d'épaule… « *Une bête épaulée* » désignait autrefois une fille « qui avait le bouquet sur l'oreille (à marier) » et qui n'avait pas conservé son honneur, ou en d'autres termes « qui avait laissé aller le chat au fromage » ou avait « cassé son sabot », « perdu la fleur blanche (ou la plus belle rose) de son chapeau »…

Rêver à la Suisse...

Curieuse expression... qui signifie avoir la tête vide, ne penser à rien (*Dictionnaire de Trévoux*, 1740) ou « rouler dans son esprit des choses vaines » (penser à des riens, alors ? et des riens, c'est moins que rien mais déjà quelque chose...). Ou encore, « avoir l'air de penser mais ne penser à rien », un rien insultant cette fois (*Dictionnaire de l'Académie française*, 1798).

Même chez La Bruyère, dans les *Dialogues sur le quiétisme* (1699, ouvrage posthume), on découvre un « penser à la Suisse » : « Voulez-vous, mon Père, que je vous dise franchement ce qui en est ? Je ne saurais penser à la Suisse : quand je pense, il faut que ce soit à quelque chose ».

Une expression synonyme ? *Rêver à la moutarde*, *rêver des genoux* ! Toujours bizarre, non ? La Suisse, la moutarde et les genoux, même combat, c'est du vide, du néant, du rien... Pas très sympathique pour nos voisins helvètes tout ça et même franchement humiliant.

Question : est-ce que les Suisses rêv(ai)ent à la France ? Y croire c'est sans doute *rêver en couleurs* (se faire des illusions), comme on dit dans « la belle province »...

« Adieu, vous voyez quel est mon style et que je vous dis tout ce qui me passe par la tête, sans ordre, sans suite, sans réflexion ; suivez mon exemple et surtout ne vous embarrassez point de parler bon français et vous verrez qu'il vaudra autant m'écrire que faire du noir [déprimer] ou rêver à la Suisse. »

Lettre de madame du Deffand à M. Crawford,
8 décembre 1768.

Autres expressions évoquant un pays, une région, une ville, une rue :

courir comme un Basque (courir comme un dératé, aller loin) – un cataplasme de Venise (une gifle) – un Pérou (un trésor) – n'y entendre que le haut allemand (ne rien y comprendre) – quand les ânes parleront latin (jamais) – faire comme les anguilles de Melun (crier avant d'avoir mal) – avaler la rue des Lombards (être très gourmand ; cette rue était celle des confiseurs) – un blond d'Égypte (quelqu'un sombre de peau) – faire des châteaux en Asie (faire des châteaux en Espagne, se bercer de chimères) – des éperviers de Montaigu (des poux) – parler français comme un Iroquois (ne pas savoir le parler correctement) – manger du pain comme un Limousin (en manger beaucoup) – le mal de Naples (la vérole !) – un neveu à la mode de Bretagne (un cousin...) – un niais de Sologne (un trop malin) – une reine de Niort (un laideron) – une reine d'Antioche (une fille arrogante) – une salade de Gascon (une corde de pendu) – un querelle d'Allemand (injuste, déclenchée pour un rien)...

Un roi de la fève

Être roi – d'un vrai royaume – c'est être quelqu'un d'important mais être roi de la fève, et l'espace d'un jour encore (celui de la fête des rois évidemment)… Est sacré roi de la fève celui *qui fait le vain*, n'a aucune autorité ni prestige. Un malheureux dont on ne fait pas grand cas. Un pauvre lézard, comme on disait autrefois !

« Ayez en gré mon offre et daignez consentir / Qu'avant que mon règne s'achève / Je dise (mais si haut que tous peuvent ouïr) / Que je suis roi de la fève / Toujours prêt à vous obéir. »

Louis de Chapat, *La Clincaille du Parnasse*, 1777.

Encore un peu de galette et de fève ?

- Trouver la fève au gâteau : faire une bonne découverte, une bonne rencontre ou trouver une solution.
- Avaler la fève avec le gâteau : laisser passer sa chance sans s'en apercevoir.

L'expression existe depuis le XIIIe siècle, mais connaît la notoriété dès le XVIe siècle, où l'on considérait la fève comme un objet précieux, porte-bonheur (attirant fortune, santé, sagesse…). Plus récemment, on lui accorde une autre signification : être pingre (avoir la fève sous-entend de payer une autre galette ou sa tournée. On stoppe les frais en avalant la fève avec le gâteau !).

Rose ciel

Pourquoi n'y aurait-il que le bleu à se revendiquer (couleur de) « ciel » ? Du lever au couchant, de « l'heure bleue » jusqu'à « l'or du soir », c'est toute une symphonie de couleurs que nous offre le plafond céleste : bleu, orange, jaune, rouge, mauve, pourpre, gris, rose…
Ce sous-rouge « bâtard du rouge triomphant » (Jean Ray, *La terreur rose*, 1963), ce rose, « chair couleur », porté aux nues, surprend mais rayonne entre deux nuages…

« Ces fleurs sont d'un rose vraiment céleste, dit Legrandin, je veux dire couleur de ciel rose. Car il y a un rose ciel comme il y a un bleu ciel. »

Marcel Proust, *Le côté de Guermantes*, 1919.

Comment naissent les roses…

Confidence du poète Francis Ponge :

« J'étais en Algérie dans une maison adossée aux premiers contreforts de l'Atlas d'où on voyait 30 km de plaine et la ligne des collines qui bordent la mer, le Sahel, et cette chaîne de petites collines avait une couleur dont je voulais trouver l'adjectif, le mot. C'était […] un certain rose […] J'ai cherché cette couleur rose, un

rose ardent, intense, un peu violet et j'avais fini par trouver des mots de couleur. Ça ne marchait pas. Rose cyclamen, non, non, rose polisson, coquin, à cause du fard, à cause du côté sensuel de la chose : ça n'allait pas [...]. Finalement, j'ai trouvé un mot, il existe [...] alors sacripant, rose sacripant... sacripant le mot me plaît. Rose sacripant, ça y est [...]. »
Extrait de la conférence à la Technische de Stuttgart, 12 juillet 1956.

Sucrer la moutarde

Au sens propre, l'opération consiste à rendre moins forte la moutarde trop piquante en la sucrant. Au sens figuré, l'expression signifie modérer sa colère, dire avec ménagement des choses pénibles, adoucir une réprimande ou des remontrances ou bien encore dorer la pilule ; faire passer sous des compliments quelque chose de désagréable.

« Cependant il vaut mieux sucrer notre moutarde / L'homme pour un caprice est sot qui se hasarde ».

Mathurin Régnier (1573-1613), Satire, II, *Œuvres complètes*, 1860.

Autres expressions oubliées et moutardées : s'amuser à la moutarde (perdre son temps) – rêver à la moutarde (ne penser à rien) – et le reste en moutarde (se disait des comptes d'une cuisinière, d'un maître d'hôtel quand ils ne paraissaient pas exacts) – être fin comme moutarde (être rusé) – de la moutarde après dîner (quelque chose qui arrive trop tard) – les enfants vont à la moutarde (une chose est très connue, publique, même les enfants s'en entretiennent)...

Tirer de l'huile d'un mur

Affaire de doux-dingue… Tirer de l'huile d'un mur relève de l'impossible, évidemment. C'est aussi invraisemblable que de tirer de l'argent d'un avare ou la vérité d'un menteur, de tondre un œuf, de noyer un poisson dans l'eau ou de « pisser dans un violon » !

Signification : s'attaquer à l'impossible (plus rarement, arriver à tirer profit de tout).

À noter, d'autres jolies expressions synonymes : prendre la lune avec les dents, paver la mer, tresser des cordes de sable, atteler des fourmis à une charrette, sauter son ombre, retourner un puits, ferrer les cigales, arrêter les nuages, faire danser les cathédrales, prendre les vents au filet, fixer le mercure, souder le vif-argent, chercher un nid de souris dans l'oreille d'un chat…

Une des plus anciennes pour la fin. Les Latins disaient « demander de l'eau à une pierre ponce » (*Aquam e pumice postulare*).

« Il a parlé des maux de la province et n'y a oublié aucun des articles ; il a tiré les larmes des yeux de toute la cour : c'est tirer de l'huile d'un mur. »

Journal et Mémoires du Marquis d'Argenson
(1694-1757), t. VIII.

Autres expressions, autres « vieilles huiles »

- Ne plus avoir d'huile dans la lampe (se languir de vieillesse).
- Donner de l'huile de cotret (donner une correction).
- Recevoir une tache d'huile (recevoir un affront).

Trinquer du nombril

Tchin tchin ! « Trinquer » appelle la fête, le plaisir, le rapprochement, l'entrechoquement... et pas seulement des verres. « Trinquer du nombril » équivaut à un plaisant exercice de « ventre à ventre ». Sage ou moins sage...

L'expression peut s'employer pour des choses, des objets divers comme pour des personnages (surtout des amoureux ! qui yeux dans les yeux, après le cœur à cœur, envisagent un rapprochement nombrilesque...).

« [...] tiraillé par le désir, je relançai faute de mieux cette grosse vache de Maryvonne. Je lui offris d'emblée de venir trinquer du nombril avec moi. Jouant les vierges effarouchées, elle prétendit que je l'effrayais. Elle était me rappela-t-elle une âme sensible qui méritait tous les égards. »

Claude Kayat, *Hitler tout craché* (roman), L'Âge d'homme, 2000.

« Au-dessus de leurs têtes, dans la demi-obscurité descendue du ciel, les maisons ventrues ont l'air de trinquer du nombril. »

La Nouvelle Revue, Paris, juillet 1885.

Autres expressions « nombrilistes » ?

avoir le nombril vert (être immature, ne pas avoir d'expérience) – ne pas avoir le nombril sec (être trop jeune, manquer d'expérience) – se laisser sécher le nombril (se laisser entraîner pour aller « voir le loup »...) – se regarder le nombril (être égocentrique) – se prendre pour le nombril du monde – être décolleté jusqu'au nombril.

Index

A

B

C

D

Klassisch gut:

NIETZSCHE - ZITATE

Ausgewählt von
Heinrich Georg Becker
Mit einem Vorwort
von Ralf Eichberg

BuchVerlag
für die Frau

ISBN 3-89798-016-9

2. Auflage 2000

Titelfoto: Friedrich Nietzsche.
Büste von Max Klinger,
Museum der bildenden Künste Leipzig

S. 2: Schumann + Wiedemann/
Becker –exclusiv-Weimar
Nietzsche-Shop-online: www.statuen.com
S. 19: Foto von Karlo Schuchart;
S. 89: Foto von Hanfstaengl;
S. 107: Foto von Hans Olde
Historische Abb.:
Nietzsche-Archiv Weimar,
Stiftung Weimarer Klassik

Einband, Typografie, Satz:
Lore Jacobi, Jesewitz
Druck: Salzland Druck GmbH & Co. KG,
Staßfurt
Bindearbeiten:
Müller Buchbinderei GmbH Leipzig
Printed in Germany